DE ONDE VEM ESSA FORÇA

HISTÓRIAS DA FAMÍLIA NASCIMENTO
DE MINAS PARA O MUNDO

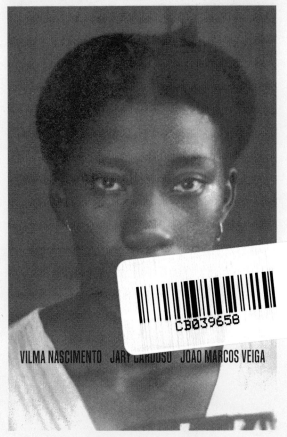

VILMA NASCIMENTO JARY CARDOSO JOÃO MARCOS VEIGA

DE ONDE VEM ESSA FORÇA

HISTÓRIAS DA FAMÍLIA NASCIMENTO
DE MINAS PARA O MUNDO

VILMA NASCIMENTO   JARY CARDOSO   JOÃO MARCOS VEIGA

Copyright © 2023 by Editora Letramento
Copyright © 2023 by Vilma Nascimento
Copyright © 2023 by Jary Cardoso
Copyright © 2023 by João Marcos Veiga

Diretor Editorial Gustavo Abreu
Diretor Administrativo Júnior Gaudereto
Diretor Financeiro Cláudio Macedo
Logística Daniel Abreu e Vinícius Santiago
Comunicação e Marketing Carol Pires
Assistente Editorial Matteos Moreno e Maria Eduarda Paixão
Designer Editorial Gustavo Zeferino e Luís Otávio Ferreira
Concepção, produção e entrevistas Vilma Nascimento
Pesquisa, entrevistas, redação e revisão Jary Cardoso
Pesquisa adicional, fotos e redação final João Marcos Veiga
*Com a colaboração imprescindível de Ercília Maria de Oliveira Nascimento

Todos os direitos reservados. Não é permitida a reprodução desta obra sem aprovação do Grupo Editorial Letramento.

Dados Internacionais de Catalogação na Publicação (CIP)
Bibliotecária Juliana da Silva Mauro - CRB6/3684

N244o   Nascimento, Vilma
           De onde vem essa força : histórias da família Nascimento de Minas para o mundo / Vilma Nascimento ; Jary Cardoso ; João Marcos Veiga. - Belo Horizonte : Letramento, 2023.
           132 p. il. ; 14 cm x 21 cm.

           ISBN 978-65-5932-388-3

           1. Biografia. 2. Família. 3. Superação. I. Cardoso, Jary. II. Veiga, João Marcos. III. Título.

           CDU: 929.52
           CDD: 929.2

Índices para catálogo sistemático:
1. Histórias de famílias 929.52
2. Histórias de famílias 929.2

LETRAMENTO EDITORA E LIVRARIA
Caixa Postal 3242 – CEP 30.130-972
r. José Maria Rosemburg, n. 75, b. Ouro Preto
CEP 31.340-080 – Belo Horizonte / MG
Telefone 31 3327-5771

Em memória de:

Maria Antonia, a Vó Maria (1900-1980)
Matriarca da família Nascimento.

Maria do Carmo, a Carminha (1918-1944)
Filha que gerou o grande orgulho da família,
o cantor Milton Nascimento.

Vanda Lucia da Silveira (1947-2012)
Neta que, numa conversa com a irmã Vilma,
incentivou esta pesquisa.

Fernando Brant (1946-2015)
Autor das letras que traduziram os caminhos do

parceiro Bituca, parte deles iluminados neste livro.

–

Dedicado aos atuais e futuros descendentes de Vó Maria.

CRÉDITOS DAS IMAGENS

Foto de capa - *Vó Maria e Maria do Carmo (arquivo familiar)*

Foto da contracapa - *Uli Burtin, Juiz de Fora, 1972 (dia de feijoada na casa de Jandira, que posa com oito de seus filhos, mais sua mãe, o sobrinho Milton Nascimento e alguns dos convidados).*

Em pé, da esquerda para a direita: Amauri, Valéria segurando Adriano, atrás dela o músico baixista Novelli, Jandira, Bituca, Vilma, Vó Maria atrás, Ivanir, Aroldo e as vizinhas Leci e Norma. Sentados, Lucinho com Waleska no colo e o arquiteto Paulo Rocha.

pg. 18 - Uli Burtin

pg. 19 - Newton de Matos Vale

pg. 20 - Newton de Matos Vale

pg. 21 - arquivo familiar

pg. 23 - (imagem 1): arquivo familiar

pg. 23 - (imagem 2): Vilma Nascimento

pg. 40 - reprodução a partir de documento de acervo familiar

pg. 41 - Vilma Nascimento

pg. 42 - (imagens 1 e 2) Vilma Nascimento

pg. 46 - Vilma Nascimento

pg. 48 - reprodução a partir de documento de acervo familiar

pg. 50 - reprodução a partir de documento de acervo familiar

pg. 56 - Jary Cardoso

pg. 71 - arquivo familiar

pg. 72 - Vilma Nascimento

pg. 74 - arquivo familiar

pg. 77 - reprodução a partir de documento de acervo familiar

pg. 78 - reprodução a partir de documento de divulgação pública

pg. 80 - arquivo familiar

pg. 81 - arquivo familiar

pg. 96 (imagens 1 e 2) - Josino de Brito Campos

pg. 97 - Newton de Matos Vale

pg. 105 - João Marcos Veiga

pg. 107 - arquivo familiar

pg. 108 - arquivo familiar

pg. 110 - João Marcos Veiga

pg. 111 (fotos 1 e 2) - Vilma Nascimento

pg. 112 - João Marcos Veiga

pg. 113 - João Marcos Veiga

pg. 114 (foto 1) - Vilma Nascimento

pg. 115 (foto 2) - arquivo familiar

pg. 116 (foto 3) - arquivo familiar

pg. 117 (foto 4) - Vilma Nascimento

pg. 118 (foto 5) - Mário Luiz Thompson

pg. 128/131 (mosaico) - fotos de arquivo familiar

Raça

(Milton Nascimento/Fernando Brant)

Lá vem a força, lá vem a magia
Que me incendeia o corpo de alegria
Lá vem a santa maldita euforia
Que me alucina, me joga e me rodopia
[...]
De onde vem essa coisa tão minha
Que me aquece e me faz carinho?
De onde vem essa coisa tão crua
Que me acorda e me põe no meio da rua?
[...]
Todas Marias, Maria Dominga
Atraca Vilma e Tia Ercília
É Monsueto e é Grande Otelo
Atraca, atraca que o Naná vem chegando.

De onde vem essa força é leitura saborosa que combina os ingredientes de uma pequena saga familiar que retrata as voltas que a vida dá de tantas famílias brasileiras que enfrentam o desafio da sobrevivência com o tempero de cravo e canela de entrelaçar essa história em particular à trajetória espetacular de um dos maiores músicos que essa Terra já deu, Milton Nascimento. A vida desse bendito fruto da árvore dos Nascimentos, do qual todos nós pudemos provar um pouco, ganha outra perspectiva quando vista desde suas raízes, tronco e galhos, desfiada por vozes familiares e distintas, recordações de uma vó, de uma tia, de primas e de tantas Marias, Marias que um certo Bituca cantou para os ouvidos do mundo. Vilma, a prima que também conquistou seu pedacinho nos campos de vinil da música popular brasileira, tomou da seiva dessa frondosa planta o impulso para fincar essas narrativas em celulose, e reuniu para confecção do livro os labores competentes de Jary Cardoso e João Marcos Veiga.

Histórias como essa são como roupas penduradas num varal que o vento pode levar pra longe e para o esquecimento. É de se notar que, a despeito de prover o planeta com a mais impressionante variedade de expressões musicais que um país pode apresentar, o mercado editorial brasileiro ainda não respondeu à altura ao manancial de possibilidades que tal pujança gera. Embora seja a biografia uma das poucas veredas percorridas com maior desenvoltura quando se trata do tema, nem sempre vozes que não são a do próprio artista têm oportunidade de soar para que os leitores possam ouvir a obra coral que é finalmente o que resulta qualquer vida contada com auxílio dos instrumentos da memória social.

Assim, é muito oportuno um livro como este, capaz de saciar igualmente a sede de peixe dos estudiosos da história da música popular brasileira, das pessoas que admiram a obra de Milton Nascimento e tudo que carrega junto de si, dos familiares que querem esse tesouro bem guardado e simultaneamente compartilhado, de forma generosa, com um público mais amplo, para quem essas lembranças, deixando o reino do privado e as gavetas de guardados das casas dessa gente de raça, de garra, de força e magia, que veio pra nunca mais voltar, ganhará novos sentidos para ser mais um capítulo na mais brasileira das histórias.

LUIZ HENRIQUE ASSIS GARCIA

Historiador, professor e letrista

A primeira lembrança que tenho do Bituca é de 1964. Eu tinha oito anos e observava os ensaios do Conjunto Holliday, que às vezes eram realizados em nossa casa, em Três Pontas. O grupo, que incluía os jovens Milton Nascimento, Wagner Tiso e outros músicos trespontanos, se preparava para a gravação do primeiro disco compacto da carreira, que levaria o nome da música "Barulho de Trem", composição de Milton.

No final daquele ano nossa família mudou-se para Belo Horizonte. Eu passava boa parte dos dias no movimentado apartamento de meus avós Tiso Veiga, no Edifício Levy, também frequentado por alguns dos rapazes que viriam a criar o Clube da Esquina. Três anos depois assistia com aflição, pela TV em preto e branco, o Festival Internacional da Canção, com "Travessia" em segundo lugar e Milton Nascimento consagrado. Desde então, tive o privilégio de acompanhar de perto e de longe a vida do Bituca, como fã e amigo.

Porém, pouco conhecia sobre sua família biológica e suas origens. Ao ler *De onde vem esta força* me senti como se estivesse num voo de águia ao passado, visão ampliada que incorpora a compreensão das origens, territórios, da vida de novas personagens, a partir da avó de Milton, Vó Maria. Representa um documento de valor histórico, especialmente para Juiz de Fora e Lima Duarte, cenários recorrentes na linha da vida da família Nascimento.

A narrativa da história, tecida através de depoimentos dos familiares de diferentes gerações, ganha cores ainda mais vivas para quem é da região e pode identificar os cenários e imaginá-los no passado. É o meu caso. Vivendo em Juiz de Fora há quase uma década, saboreei com especial envolvimento a leitura.

Graças ao impulso, empenho e competência de Vilma Nascimento, Jary Cardoso e João Marcos Veiga, agora podemos conhecer também a parte que faltava como complemento da biografia de Milton – raízes que certamente influenciaram sua genialidade.

MARDEN DA VEIGA

Jornalista e professor

SUMÁRIO

17 A FEIJOADA

25 LIMA DUARTE - No sertão da minha terra

37 JUIZ DE FORA - Caminho de pedra

45 DE MINAS AO RIO - Seguindo pela vida

65 DO LAMENTO OUTRA VIDA VAI NASCER

87 SOLTO A VOZ NAS ESTRADAS, JÁ NÃO QUERO PARAR

103 RENASCIMENTOS

119 POSFÁCIO

123 CARTAS DOS COAUTORES

127 FOTOS DE ARQUIVO FAMILIAR

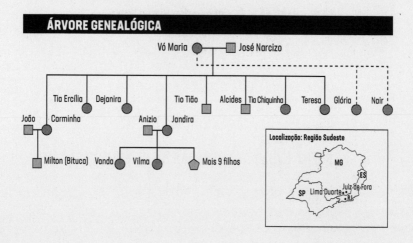

Arte: César Rasec

DATAS MARCANTES DA FAMÍLIA

1900
- Maria Antonia de Oliveira, a Vó Maria, nasce em Lima Duarte (MG).

7 de agosto de 1918
- Maria do Carmo Nascimento, a Carminha, futura mãe
de Milton Nascimento, nasce em Lima Duarte.

6 de março de 1932
- Ercília Maria de Oliveira, a Tia Ercília, nasce em Lima Duarte.

Por volta de 1935
- Depois de rejeitar o marido boêmio Zé Narcizo, a Vó Maria deixa a roça
em Lima Duarte e se muda com os oito filhos para Juiz de Fora (MG).
- Primogênita da Vó Maria, Maria do Carmo é a primeira da família, ainda
menor de idade, a arrumar emprego, como doméstica, no Rio de Janeiro.

1940
- No dia 21 de fevereiro, Carminha é admitida como cozinheira em
casa de família, na Rua Conde de Itaguaí, no bairro da Tijuca, Rio.
- Em 2 de dezembro, Maria do Carmo passa a trabalhar como cozinheira
da família da D. Augusta, na Rua Conde de Bonfim, nº 472, na Tijuca. Essa
família irá adotar o filho de Carminha, Bituca, após o falecimento da mãe.

Por volta de 1941
- Ercília, filha ainda criança da Vó Maria, é chamada pela
irmã mais velha e madrinha, a Carminha, e chega ao Rio
pra morar e trabalhar na pensão da D. Augusta.

26 de outubro de 1942
- Nasce em maternidade do bairro de Laranjeiras, no
Rio, o cantor e compositor Milton Nascimento.

1944
- Morre de tuberculose, em Juiz de Fora, a mãe do Bituca, Maria do Carmo.

Por volta de 1944/1945
- Bituca é adotado por Lília, filha da D. Augusta, que o leva com 2 anos
de idade a Três Pontas (MG) pra viver com ela e o marido Josino.

29 de setembro de 1980
- Falecimento da Vó Maria, em Juiz de Fora.

A FEIJOADA

Juiz de Fora, 1972. Um caldeirão percorre os corredores servindo a feijoada em generosas conchas nos pratos dos convidados que se espalham pela casa. Na mesa estão Milton Nascimento e sua família de sangue, esbanjando largos sorrisos, além de amigos do cantor, como Fernando Brant e Gonzaguinha. Pelos cômodos, brincam crianças de diferentes idades, adultos oferecem bandejas de pão para acompanhar o banquete, degustado em um dos cantos pela cantora Joyce e seu companheiro à época, o compositor e guitarrista Nelson Ângelo. Aos poucos, o almoço dá lugar, na área externa, a uma grande roda musical – violão e baixo acústico, com copos e talheres servindo de percussão, além das palmas negras e brancas marcando tempo e contratempo. Lado a lado, Milton, de camisa verde listrada com o famoso boné, e sua avó Maria Antonia, responsável pelo preparo daquele repasto.

A ideia da confraternização partiu da neta Vilma. Morando no Rio de Janeiro havia três anos, decidiu aplicar com maestria um de seus lemas pessoais: "Eu sou de fazer." E fez bonito! Conseguiu reunir para uma feijoada na casa de sua mãe, Jandira, no bairro JK, alguns amigos e boa parte da família, incluindo Milton Nascimento e os músicos da banda do cantor, que estavam de passagem para um show na cidade. A prima sugeriu que o ensaio ocorresse ali mesmo, aproveitando a feijoada – convite irrecusável. No comando da cozinha, Vó Maria contou com a dedicada participação de todos os parentes.

– Em uma feijoada mineira que se preze, não podia faltar tudo o que se tem direito do porco: o pé, a orelha, o rabo, o toucinho, o torresmo e ainda o miúdo pra farofa, mais a couve, o arroz, a linguiça e a cachaça! Os músicos passaram o dia ensaiando na nossa casa – relembra Vilma.

Após a feijoada e com Vilma a seu lado, Milton ensaia ao violão acompanhado por Noveli ao contrabaixo

Naquele ano, o Cine-Theatro Central de Juiz de Fora recebia o V Festival de Música Popular Brasileira. O concurso, criado em 1968 por decreto do prefeito Itamar Franco, foi um dos últimos da chamada era de ouro dos festivais e tinha formato similar àqueles que ocorriam com grande sucesso no Rio de Janeiro[1]. Júlio Hungria, crítico de música

---

[1] No final de 1972 ocorreria o último grande evento do gênero no país, o VII Festival Internacional da Canção, no Rio de Janeiro.

do Jornal do Brasil, coordenou a edição na cidade mineira. Clara Nunes, cantando o samba *Tristeza Pé No Chão,* venceu o festival. Já consagrado nacionalmente desde *Travessia*[2], em 1967, Bituca não concorreu, estando ali como convidado para um dos shows do festival, que contou também com apresentações especiais de Paulinho da Viola e Gonzaguinha, além de interação nos bastidores entre artistas como João Nogueira, Tavito, Sá e Guarabyra[3].

Jandira, sua mãe Maria e as filhas Vilma e Ivanir no show de Bituca em Juiz de Fora, 1972

---

2 Segundo lugar no II Festival Internacional da Canção, de 1967, no Rio de Janeiro.

3 O Festival da Canção de Juiz de Fora de 1971 teve como vencedor Zé Rodrix e Tavito com *Casa no Campo*.

Avó e neto nos bastidores do show do artista

Nessa época, um alemão recém-chegado ao Brasil, Uli Burtin, vinha enturmando-se com os músicos mineiros e seguiu com eles até Juiz de Fora. A ideia era produzir um documentário não apenas sobre o festival, mas também incluir imagens dos bastidores e cotidianas – a realização da feijoada apareceu como um prato cheio para tal registro. Ele ficou encantado com a beleza daquela família negra e com a rapidez com que falavam, tal qual num dialeto. Mas o filme, que tinha como um dos produtores o cineasta belo-horizontino Schubert Magalhães, não se concretizou – parte das latas de película acabou se perdendo, incluindo os áudios (gravados em fitas separadamente).

Ainda assim, a força daquele momento histórico permaneceu viva na memória de Vilma por décadas, alimentando um desejo já antigo de contar quem são e de onde vieram os

Nascimento, que trazem a marca da força e do brilho em diferentes histórias de grandes travessias e renascimentos pessoais. A descoberta de parte do material[4], quase cinco décadas depois do registro, trouxe cores a esse sonho e confirma a magia daquele encontro que reuniu num momento raro diferentes gerações – seu mais famoso membro, Milton, e a matriarca que deu origem a toda esta história.

A carreira de sucesso de Milton Nascimento, estreitamente ligada à devoção pela família que o adotou em Três Pontas, sul de Minas, é uma história já bem narrada e admirada mundo afora. A figura de Vó Maria, no entanto, abre uma trilha ainda desconhecida nesse caminho brilhante, puxando fios ancestrais e práticas culturais que resistem ao tempo e às imposições sociais. Essa potência que move os Nascimento parece ser a mesma descrita na música *Raça* (Milton/Brant), que cita nominalmente duas parentes e outros negros que carregam a força e a energia que incendeiam o corpo de alegria. "Atraca Vilma e Tia Ercília!"

Vilma e Tia Ercília visitam Bituca em sua casa na Barra da Tijuca, Rio de Janeiro, 11/09/2000

---

4 Localizado sem identificação em um acervo público em Minas Gerais.

A história desta família negromestiça começa em Lima Duarte, cidadezinha da Zona da Mata mineira. Vó Maria era a encarnação dessa chama que aquece e coloca os Nascimento no meio da rua sempre que a vida pede. Separada do marido boêmio e com oito filhos pra criar, ela ousou deixar a roça em busca de melhores condições de vida, partindo para Juiz de Fora nos anos 1930. Colocar o pé na estrada sem olhar pra trás em busca de um sonho ou de uma vida mais digna é uma sina da trajetória de vários Nascimento, incluindo Maria do Carmo, mãe biológica de Milton, e Ercília, que estenderam essa jornada até o Rio de Janeiro, cruzando o caminho da família de Dona Augusta Campos e sua filha Lilia, decisivas para o futuro de Bituca.

◊

Juiz de Fora, fevereiro de 2019. Vilma Nascimento bate palma em frente a uma casa de muro baixo no bairro de Santo Antônio. "Tem roupa molhada no varal, deve ter gente em casa", arrisca. Ninguém atende e ela se dirige a uma mercearia, chamando a atenção da vizinhança para seus *dreadlocks* coloridos e roupas igualmente vistosas, remetendo à vivência na Bahia, onde reside há tempos. Sem abandonar a boa prosa mineira e com seu sorriso cativante, consegue o telefone das parentes que procura.

Este livro é parte do empenho de Vilma por narrar a história de dignidade, alegria e força dos Nascimento, numa saga que inclui a busca pelos diferentes galhos da família que se espalham Brasil afora, dando voz principalmente às gerações mais antigas, sobretudo Tia Ercília, além das irmãs Glorinha e Francisca[5].

---

5 As entrevistas conduzidas por Vilma Nascimento e pelo jornalista Jary Cardoso foram realizadas em diferentes encontros desde o final da década de 1990.

Tia Ercília entrevistada por Jary e Vilma num restaurante de Copacabana, Rio de Janeiro

Ercília e Francisca leem texto inicial deste livro na casa de Chiquinha, em São João do Meriti, Baixada Fluminense, 1998

E para saber de onde vem essa força, é preciso voltar ao tronco desta árvore frondosa, onde se vê Vó Maria nas primeiras décadas do século 20 em Lima Duarte, mais precisamente no vilarejo de Manejo. Fazemos assim o caminho contrário da matriarca, saindo de Juiz de Fora, beirando o Rio Paraibuna, percorrendo as belas serras da Zona da Mata mineira, até um de seus afluentes, o Rio do Peixe, antigo nome da cidade onde tudo teve início.

LIMA DUARTE - NO SERTÃO DA MINHA TERRA

Trabalho o dia inteiro pra vida de gente levar...

(*Canção do Sal*, de Milton Nascimento)

– Quando me entendi como gente, vivíamos num lugarejo com poucas pessoas, chamado Manejo. [....] A gente morava no sertão mesmo, naqueles matos.

Francisca relembra a infância em Manejo, distrito de Lima Duarte, com a mãe e os sete irmãos – Maria do Carmo, Ercília, Dejanira, Jandira, Sebastião, Alcides e Teresa. Chiquinha, como era carinhosamente conhecida, viria a falecer em 2009, cerca de dez anos após conceder depoimento sobre a família ao lado da irmã Ercília, numa casa simples e aconchegante em Nova Iguaçu, Baixada Fluminense, em maio de 1998. À época, as lembranças eram vívidas mesmo tanto tempo depois, narradas em tom firme e bem-humorado, ainda que acamada e debilitada por causa da diabetes. Uma das imagens mais fortes que trazia era do trabalho árduo da matriarca para sustentar a família:

– A mãe Maria colhia arroz, milho, feijão, café e matava porco. Não tinha tempo pra mais nada, ela trabalhava duro pra dar comida pros filhos. Era brabo.

Além do mato, a paisagem de Manejo[6] se resumia a uma única rua com a obrigatória igrejinha, poucas casas e uma venda – um armazém que oferecia alimentos secos e molhados, tecidos e outros poucos produtos possíveis de serem encontrados num lugarejo do interior de Minas nas primeiras décadas do século passado (farinha, banha, querosene). Ali também havia um telefone de girar manivela, tecnologia com a qual Ercília, surpresa, deparou-se numa das vezes em que foi encarregada de fazer compras pra casa da mãe. Chegando ao balcão, topou com o garoto que tomava conta do armazém falando algo naquela geringonça. O rapaz resolveu brincar com a menininha, disse algo pelo aparelho e o colocou no ouvido dela, ordenando: "Escuta aí". Sim, existia um mundo para além de Manejo.

Todo ano a igreja fazia a festa da padroeira. Vinha gente até de Juiz de Fora – era o povo nascido em Lima Duarte que vivia na cidade grande e voltava pra cultivar suas raízes. Hoje Ercília acredita que o lugarejo não crescia nem se desenvolvia exatamente pelo êxodo dessa gente que partira cansada da mesmice daquele lugar. Mas não faltavam ao aniversário da padroeira – era uma semana de festa e orações. Uma das cunhadas de Maria, a tia Ia (com quem Ercília morou em dado momento da infância), possuía uma casa grande que alugava para os visitantes a fim de fazer uma renda extra no período, também movimentado pela quermesse e barraquinhas de comidas, além de queima de fogos e banda de música no coreto. Padre não havia, vinha de fora pra rezar a missa.

---

6 A chamada Revolução Liberal, de 1842, contou com um episódio em Rio do Peixe, quando Duque de Caxias, a partir do quartel da unidade da Guarda Nacional no distrito, cercou tropas rebeldes que rumavam para o litoral sob o comando do Barão de Cocais. A tropa de defesa do autoritário governo imperial realizou ali exercícios com armas, os manejos, dando origem ao nome da localidade.

Os fazendeiros que tinham um bocadinho mais de posse hospedavam o clérigo e ofereciam refeição.

Não só padre, mas médico e hospital também não havia por lá. Na roça, quase tudo era curado com chás. Certa vez a terrível varíola, cuja vacina ainda não chegara a esses rincões[7], acometeu um dos filhos de Tia Ia, Guiomar. Sem saber da gravidade da doença, a família tratou Ercília e as demais crianças do mesmo modo que se livravam de enfermidades mais leves como catapora, sarampo e coqueluche.

– Como tinha sobrado um pouco do mingau que minha tia fez pra ele, ela disse pra mim: "Toma esse resto pra você pegar varíola e ficar logo livre". Tomei...

Passados dois dias, foi acometida de febre e dor de cabeça agudas, não conseguindo sequer abrir os olhos ou comer. A tia botava uma esteira no quintal para a menina se deitar. Dois caroços da varíola tomaram seu rosto, algo que prometia deixar marca.

– Meu primo ficou com o rosto todo furadinho, aqueles furos pretos. É uma coisa terrível, aquilo mata também. Mas minha tia não me deu o resto do mingau por mal, era ignorância.

Foi então que a tia pegou o azeite de mamona feito em casa, erva de São João e mais outras raízes, misturou e bateu, dando para a menina tomar. Ela chamava aquele chá forte de "cordial".

– Aquilo limpa tudo, né? Se Deus não segurar, sai tudo lá de dentro. Em três dias eu estava boa, sem febre, sem dor de cabeça e sem os caroços. Hoje sei o perigo que corri, mas Deus me protegeu e protegeu também meu primo.

Na zona rural de Manejo, a família não tinha um paradeiro certo, seguindo de acordo com as temporadas de plantações ou ao sabor da demanda de empregadores. Encerrada uma

---

7 Descoberta em 1798, a vacina contra a varíola seria elemento central da Revolta da Vacina no Rio de Janeiro em 1904, chegando ao interior nas décadas seguintes. Porém, a doença só seria considerada totalmente erradicada pela Organização Mundial da Saúde (OMS) em 1980. Estima-se que ao longo do século 20 a varíola tenha causado entre 300 e 500 milhões de mortes.

colheita, a mãe procurava um novo lugar, que podia ser na beira da linha da estrada de ferro ou onde houvesse uma casa de estuque e cobertura de sapê que estivesse vazia e sem senhorio. E lá se formava o novo lar de Maria Antonia e filhos.

– Uma vez achamos uma casa que tinha um boi preso, aí soltamos o boi e fomos pra lá. Mas não havia sossego, o boi sentia saudades e voltava pra casa entrando com porta e tudo. Um dia minha mãe pegou a panela, com água quente pra fazer angu, jogou na bunda do boi e nunca mais ele voltou – relembra a cena com um sorriso no rosto.

A vida era difícil, mas casos divertidos e de superação povoam essa época. Para tudo se dava um jeito. Em dado momento, a filha caçula, Terezinha, foi acometida por uma pneumonia em pleno carnaval. O calor do telhado de zinco agravava a febre da menina.

– Médico não tinha, mas o farmacêutico era dos bem entendidos, chamava Seu Tiago. Ele falou pra minha mãe: "Ó, Dona Maria, a senhora faz uma cobertura de folha de bananeira acima da cabeça dela pra refrescar". Aí se forrou o telhado com folhas de bananeira – diverte-se Ercília, com voz forte e serena, como boa mineira contadora de causos.

Ercília não se lembra de parentes da mãe na região. Nos últimos tempos de Lima Duarte, a família Nascimento vivia mais próxima do pequeno centro urbano do município, onde Maria Antonia fazia pão na padaria de Seu Pinda, cuja família de turcos a havia adotado ainda mais nova. Sozinha na vida, ela cresceu ajudando nos trabalhos da casa e negócios destes comerciantes, mesmo depois de casar.

Maria Antonia formalizou união com José Narcizo do Nascimento na igreja. O registro civil no cartório era reservado para aqueles que tinham posse de bens, mas a cerimônia religiosa era respeitada na sociedade para aceitação do casal. E os turcos também reconheceram a dedicação da menina, agora moça, que conheciam bem: deram casa, máquina de costura, uma cabra e uma vaca para começarem a vida. No entanto, Baiano, apelido pelo qual se referiam a Narcizo, era "um sem-vergonha e boêmio, só aparecia em casa de ano em ano", reclama Chiquinha sobre o pai, sem papas na língua.

– Ela casou e depois teve que aguentar o tranco. Coitada da minha mãe!

Ercília também é dura ao recordar o comportamento do pai, que vivia de biscate e não se comprometia com a família – ao contrário, trazia problemas toda vez que aparecia em casa depois de uma temporada sem paradeiro, como era de seu feitio.

– Às vezes ela estava no trabalho e de repente meu pai chegava, pegava coisas dela e vendia. Com o tempo, acabou vendendo tudo. Ele era terrível, não fazia nada, andava a cavalo tocando sanfona e catava damas. Era muito namorador. Saía de casa e demorava meses pra voltar.

Apesar de tudo, Maria gostava dele.

– Era um mulatinho mais claro, alto, bonito, um tipão. Meu pai era vaidoso, chegava no espelho – isso eu me lembro bem –, penteava o cabelo e dizia pra minha mãe: "Olha, Maria, como faz onda!".

Zé Narcizo também era um sujeito bem-humorado. No carnaval de Lima Duarte, pulava atrás do bloco com a cara coberta de farinha de trigo. Festeiro, tocava viola e fazia serestas. Chamava a atenção dedilhando a sanfona pelas estradas enquanto galopava num cavalo branco. Também tinha um cachorrinho igualmente alvo, o Pombinho, que sempre o acompanhava. Um dia mataram o cachorrinho, provavelmente vingança de algum desafeto. Da história ele acabou fazendo música: "Ai, já mataram o meu cachorro, veneno pra me matar…"

Mas as brigas constantes e a agressividade do pai não deixam de macular as poucas lembranças positivas conservadas pelas filhas:

– O meu pai brigava demais com a minha mãe. Batia nela, e muito! Ameaçava ela com um punhal que ele tinha. Não era flor que se cheirasse, não era mesmo.

Certa feita, foi pra São Paulo e ficou um tempo por lá. Voltou dizendo que arrumara emprego e que queria levar a família para a capital – que simbolizava o progresso brasileiro naquele momento. Maria Antonia, porém, não aceitou correr os riscos de uma vida incerta num mundo desconhecido, ainda mais guiada por ele.

Logo que voltava a Lima Duarte, Baiano ficava zanzando pela cidade antes de ir pra casa, bebia e farreava nos bares, já criando buchicho e a expectativa de perturbação à esposa. Seu Hilário, um inspetor que tomava conta da cidadezinha, era compadre de Maria e a avisava que o marido estava na área, pra ela se preparar. O roteiro era previsível: ele vinha, brigava com a mulher e depois ia embora, retornando de ano em ano. Mas teve uma última vez, da qual Ercília se lembra bem:

– Foi triste, ele estava doente, eu era bem pequena, mas me lembro como se fosse hoje. Seu Hilário tinha avisado que Narcizo estava na cidade bebendo, fazendo bagunça, arruaça. Minha mãe já estava preparada. Fechou a porta bem fechada, botou banco e uma porção de bagulho atrás da porta. Minha mãe não queria mais ele, ela sofreu com ele, meu pai não dava sossego. Então, quando ele chegou batendo na porta, todo mundo ficou quietinho – era eu, Tião e Alcides que estávamos em casa, minhas irmãs já tinham saído pra trabalhar. Minha mãe falou: "Ninguém vai responder".

As crianças não entendiam exatamente a dimensão dos problemas conjugais e queriam mais era ver o pai. Choravam baixinho, com pena dele, mas tinham medo de apanhar. Então Baiano chamava de novo, batendo na porta: "Maria, sou eu, Zé, a tua cruz. Maria, abre a porta, estou muito doente, por favor, Maria."

Mas Maria não abriu. Cansou da cruz. Dali ele foi embora e nunca mais voltou. A família acredita que logo depois daquilo ele tenha morrido. No entanto, certa vez um homem desconhecido abordou Ercília na rua:

– Você é filha do Narcizo, não é?

– É, meu pai chamava Narcizo – respondeu a menina.

– Seu pai não morreu não, seu pai tá bem vivo – afirmou a pessoa.

Mas Ercília não deu muita bola.

– Ah, mas não estava não, porque se estivesse vivo ele vinha perturbar minha mãe.

Ao ser barrado na porta de casa de maneira tão definitiva, Zé Narcizo deve ter percebido que já se tornara página virada para Maria Antonia. Provavelmente ao longo daquele violento convívio ela amadurecera a ideia de construir um novo caminho menos sofrido para a vida junto aos filhos. Mulher reservada que era, um importante apoio de reflexão se dava na fé, em conversas com Deus e seu representante local, o padre da paróquia de Lima Duarte. Diariamente tinha o rosário nas mãos antes de levantar e antes de dormir, em reza demorada, além do sinal da cruz dado várias vezes ao dia, na saída de casa, na chegada ao trabalho ou na passagem por uma igreja, sem nunca faltar à missa de domingo, com direito à confissão e à comunhão com véu na cabeça.

A reflexão era conduzida na solidão e no silêncio – quem conviveu com Vó Maria diz que ela era de poucas palavras, observadora, só falando o necessário e essencial. Mas, devota e autoconfiante, saberia agir no momento certo. "Problema é pra ser resolvido logo, porque daqui a pouco vem outro", era um dos lemas da Vó Maria. Com a cara e a coragem, sem tirar os pés do chão, à frente da família como sempre esteve, poderia começar vida nova em outra cidade. E não iria totalmente desamparada: carregaria aprendizados de sobrevivência que trazia na pele desde a infância.

Lima Duarte podia ser um local parado no tempo pra quem almejasse mais oportunidades de vida. Mas não por isso era destituída de história. Antes que fossem dizimados, índios das etnias Araris, Cachines, Pitas e os ferozes Puris circulavam pelas esplendorosas Serra do Ibitipoca e Serra do Rio do Peixe. Após o comunicado oficial da descoberta de ouro na região em 1694, a Zona da Mata entrou na rota da mineração com a ocupação de glebas e a mobilização de escravos ao longo do século 18, porém sem grande alcance econômico capaz de lhe conferir qualquer relevância política e social – semelhante ao ocorrido em Ouro Preto.

Na segunda metade do 19, a região da Zona da Mata passaria por uma forte expansão da economia cafeeira, em substituição à mineração – em franca decadência. O café subsidiou a formação de centros industriais como Juiz de Fora, importante ponto de escoamento do produto. São poucas as informações sobre as raízes em Lima Duarte[8] de Maria Antonia Oliveira, que teria nascido na virada para o século 20. Provavelmente ela teria assim sua ascendência negra, ao menos dos avós, vinculada à presença da mão de obra escrava nesse contexto.

Vó Maria veio ao mundo pouco tempo depois de o trabalho escravo ter sido oficialmente abolido pela Lei Áurea de 1888. Os horrores vividos desde os navios negreiros estavam formalmente encerrados. Os libertos e suas famílias, porém, ficaram marcados pela submissão e inferioridade na escala social. Destino agravado pela desigualdade extrema do país e pela falta de uma política econômica e educacional que buscasse integrar na sociedade a grande massa de libertos. Carregavam como sequelas da escravidão um imenso preconceito racial e social, presente desde o nascimento até a inserção no mercado de trabalho e nos círculos sociais.

Ainda pequena, Maria Antonia se iniciou no aprendizado da vida de gente pobre e negra. As privações eram anunciadas pela família e conhecidos como um destino natural ou designação de Deus, talvez como forma de amenizar o sofrimento. Aqueles com um pouco mais de posses, geralmente pessoas de pele clara, tinham primazia na hierarquia social, devendo

---

8 A povoação e depois freguesia de Nossa Senhora das Dores do Rio do Peixe foi elevada só em 1881 a município. Três anos depois, o local mudaria de nome para homenagear o político barbacenense Lima Duarte, deputado, senador e ministro no final do governo imperial.

ser tratadas com o máximo de respeito e mesmo obediência. Se uma delas a visse por perto, naturalmente se sentia na liberdade de pedir algo ou lhe encarregar de uma tarefa – algum serviço em troca de nada ou de uma esmolinha como caridade, nunca uma justa remuneração pelo serviço. Negro parecia aos olhos dos brancos destinado a serviçal.

Sem deixar de lado as próprias reflexões, Maria cresceu aprendendo a se adaptar às regras vigentes e a enfrentar situações difíceis. Ela não era de briga, não ia reagir a cada vez que lhe ofendessem ou humilhassem. Não queria ser lançada na marginalidade, preferindo seguir o exemplo dos mais velhos e cavar um papel naquele teatro social. O jeito era levar o dia a dia sem confrontos, disfarçar o calor de indignação que muitas vezes lhe subia à cabeça. Havia que ter jogo de cintura, esperteza e autocontrole emocional. Era questão de sobrevivência.

Com essa postura, cultivada desde menina, Vó Maria iria tentar sua maior cartada. Em Lima Duarte ela já ouvia muitas histórias sobre a busca de uma vida melhor fora da roça. Nos encontros cotidianos, nas festas e nas feijoadas vez ou outra aparecia alguém relatando experiências na cidade grande. O contato com esses causos ajudou Vó Maria a tramar a retirada daquele pequeno mundo e assim se livrar de vez de uma chaga, já que temia que o marido pudesse aparecer a qualquer momento.

De onde vem essa força[9] que levou Maria Antonia Nascimento, roceira e empregada doméstica, a desafiar um mundo dominado pelos homens e por preconceitos raciais e sociais? De onde vem essa energia que a encorajou a migrar para Juiz de Fora de

---

9 "De onde vem essa coisa tão minha", pergunta a canção *Raça*, de Milton e Brant, e a resposta está na estrofe seguinte: "É minha força, é nossa energia/ Que vem de longe prá nos fazer companhia". E que coisa é essa? Trata-se de uma "gigantesca energia existencial", como a classificou o doutor em antropologia Júlio César de Tavares, da Universidade Federal Fluminense (UFF). No livro *Diásporas Africanas na América do Sul – Uma ponte sobre o Atlântico*, Tavares se refere às culturas e maneiras de ser e pensar trazidas da África, das quais se valeram as pessoas escravizadas e seus descendentes para reconstruir o despedaçado "vaso da árvore da vida".

mala, cuia e oito filhos, a maioria crianças e os mais velhos ainda adolescentes? De onde vem essa coragem de deixar um lugar no qual, para o bem ou para o mal, sabia se virar? Em Lima Duarte, o trabalho e as obrigações de chefe de família eram pesados, mas a vida tinha estabilidade, nenhum dos seus passava por necessidades – havia os parentes, compadres e amigos, uns ajudando os outros. "Quem tem amigo não morre pagão", dizia Maria numa de suas máximas repetidas por filhos e netos.

Para sair em busca de uma vida melhor fora da roça era preciso traçar um plano de sobrevivência. Vó Maria cozinhava muito bem – conhecimento que também passou para seus descendentes – e desempenhava os afazeres domésticos com maestria, além de ser parteira e rezadeira. As crianças, por sua vez, já estavam calejadas no trabalho duro e prolongado da roça, com possibilidades de biscates no meio urbano para os meninos e afazeres domésticos para as meninas.

A partir dali os poderes da Vó Maria teriam que ser redobrados. Além da pele escura, era mulher e, embora matriarca resoluta, vivia numa sociedade submetida à lógica dos homens, fossem brancos, negros ou mestiços. Perseguindo uma vida digna para a família, Maria estava pronta para enfrentar obstáculos, nem sempre visíveis a olho nu, manifestações de preconceitos raciais e sociais, num mundo que lhe oferecia apenas o trabalho braçal, muitas vezes em atividades degradantes e mal remuneradas.

Alguns conhecidos relatavam a oferta de serviços de atendimento social de instituições oficiais do governo. Mas o que ela podia contar mesmo era com a própria garra e competência, além de uma rede de solidariedade de antigos e novos amigos. Uma das armas que a mineira ensinou a filhos e netos era o planejamento racional e cuidadoso. Organização, honestidade e eficiência em toda e qualquer atividade feita pela família davam mais confiança àquela aventura.

Maria Antonia deixaria em Lima Duarte até o sobrenome do ex-marido José Narcizo do Nascimento. Mais tarde, em Juiz de

Fora, ao tirar novo documento manteria apenas o Oliveira[10] de origem portuguesa, emprestado de algum antepassado seu que, como milhões de outros africanos escravizados, perdera quase tudo na vida, inclusive o nome – o sobrenome de Baiano, no entanto, seria a marca das gerações futuras, estando ou não nas certidões de nascimento.

Ao mudar de cidade, Maria levava consigo a experiência do trabalho intenso e diversificado na roça e no lar. E também um bem precioso que ela recebera dos avós e seguira lapidando: a cultura da sobrevivência em meio hostil. Cada geração acrescentava saberes a esse patrimônio e os transmitia aos descendentes. E isso nem sempre por meio de palavras, mas sobretudo através de gestos, olhares, silêncios e atitudes de coragem e resistência para agarrar um sonho de mudança.

---

10 Oliveira, segundo pesquisa do Senac de Minas Gerais, é uma das doze famílias de Lima Duarte que "mais contribuíram para a solidificação do crescimento da antiga Vila do Rio do Peixe" e para a sua elevação à categoria de município.

JUIZ DE FORA – CAMINHO DE PEDRA

Meu caminho é de pedra
como posso sonhar

(*Travessia*, de Milton Nascimento e Fernando Brant)

As filhas não se lembram como se deu a mudança de Maria Antonia e família, ocorrida em meados da década de 1930, nem qual foi o meio de transporte – provavelmente por trem, através da linha férrea que já ligava as duas localidades, ou ainda num veículo seguindo por uma trilha antiga, estreita e sinuosa (muito mais longa do que os sessenta quilômetros da estrada asfaltada que une hoje Lima Duarte a Juiz de Fora). Primeiro núcleo urbano de industrialização de Minas Gerais, Juiz de Fora naquela época era a principal cidade do Estado[11], atraindo um contingente de pessoas de toda a Zona da Mata em busca de trabalho.

---

11 Em 1920, Juiz de Fora contava com 118 mil habitantes, enquanto a capital Belo Horizonte, inaugurada em 1897, somava apenas 55 mil. "O crescimento populacional não ficou atrás. De 1890 até 1920, a população urbana, ou seja, da cidade de Juiz de Fora, cresceu 130,75%, chegando próxima de 5% ao ano." Fonte: Yuri Amaral Barbosa (monografia apresenta à UFJF)

Nascida por volta de 1900, Maria Antonia teria 34 ou 35 anos quando partiu em definitivo da pequena terra natal. Do vilarejo, ela chegou diretamente a uma cidade de grande porte para os padrões da época[12], uma das mais importantes não só do estado, mas também do país, enquadrada na nova fase de desenvolvimento que vinha transformando o Brasil desde o início do século. Era o Brasil moderno, num processo de industrialização que puxava o êxodo rural, com centros urbanos se expandindo e exercendo forte atração sobre o povo pobre do campo, cansado da lida na roça e vislumbrando novas oportunidades na cidade – como Vó Maria e filhos.

Contudo, tal cenário de mudanças também trazia ilusões de que as oportunidades estariam disponíveis de maneira igualitária. O Brasil, representado pelas aristocracias, desejava esquecer tanto a escravidão quanto os ex-escravos e descendentes. Promovia-se a imigração em massa de europeus para o projeto de branqueamento da nação. Juiz de Fora estava plenamente inserida nesse projeto e nos padrões parisienses da Belle Époque, o que se estendia da cultura de inspiração francesa ao comportamento e à arquitetura. No entanto, a cidade se partia entre um centro que espelhava a elite industrial e comercial no entorno da Avenida Rio Branco e bairros de periferia que floresciam nas bordas da urbe como destino às classes menos favorecidas, estas servindo tanto de locomotiva quanto de lenha ao crescimento vertiginoso do município.

A primeira de uma série de casas onde Vó Maria e filhos iriam morar em Juiz de Fora era de aluguel barato e ficava atrás da rodoviária, no bairro Várzea de Euclides. Na época de chuvas fortes, o Rio Paraibuna transbordava e arrasava todo o entorno. Muitas vezes a família tinha de sair de casa às pressas e se abrigar da enchente num grupo escolar. A vida nesses primeiros tempos foi dura, lembra Tia Ercília – nasci-

---

[12] Em 1920, a população de 118 mil habitantes colocava Juiz de Fora na posição de 11ª entre as mais populosas do país.

da em 1932, ela tinha poucos anos de vida quando partiram para a cidade grande. Na luta pela sobrevivência, não sobrava muito tempo para brincar, as crianças já tinham responsabilidades, ajudando em casa e mesmo trabalhando. Mas ela não lamenta.

– Sei que a gente sofreu um pouquinho, mas que foi legal, foi. E isso é bom, a criança aprende a ter responsabilidade e não tem tempo de aprender o que não é bom. Não me arrependo disso não. Comecei a trabalhar novinha. Arrumaram um emprego pra mim na casa de uma mulher. Sabe quanto eu ganhava, meu primeiro ordenado? Cinco mil réis!

Ercília arrumava a cozinha e tomava conta de criança no primeiro emprego. Enquanto isso, Maria Antonia trabalhava numa pensão e, pela noite, fazia a janta e o almoço do outro dia para os filhos. Bem criados, eles não deram muito trabalho, com exceção da própria Ercília, com quem tinha que ser dura para não sair da linha, pois já mostrava gênio difícil desde pequena, aprontando na nova moradia. Mas de modo geral, mesmo Ercília carregava os ensinamentos de retidão e competência ensinados por Vó Maria em cada trabalho que arrumava na cidade grande.

– Nós precisávamos começar cedo a trabalhar e aprendemos muitas coisas: boas maneiras, respeitar os outros e não dar nenhum problema. Não ter medo de enfrentar a vida, trabalhar. Isso foi uma bênção para nós. Meu irmão Tião saiu pra trabalhar fora da cidade, aos 15 anos, voltou já rapaz. Nunca teve problema e nada de ruim. Isso foi muito bom.

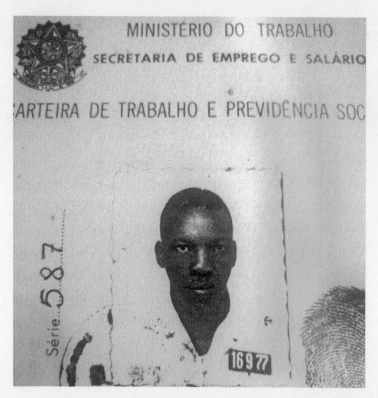

Sebastião Viana do Nascimento, o Tio Tião, filho da Vó Maria

Ercília não hesita ao afirmar que a educação da família veio do berço, algo que se esforçou para transmitir aos próprios filhos. Junto aos valores morais, a religião era também uma importante base.

– Éramos católicos e eu ia à missa sem entender muito bem aquilo. A minha mãe rezava muito, ela sentava na cama e rezava pra todo mundo, os parentes todos. Às vezes ela estava rezando e a gente com fome querendo tomar o café, a reza não acabava nunca...

Vilma, da terceira geração do galho de Vó Maria, de quem também era afilhada, orgulha-se dessa educação familiar amparada em dois pilares: exemplo de trabalho sério e relação afetuosa.

– Eu tinha muito carinho pela Vó Maria, gostava muito dela. Era uma senhora leve, suave.

Vó Maria à vontade, tendo ao fundo outras casas do Conjunto JK, Juiz de Fora

Com a neta Waleska (E) e a bisneta Angela

Ivanir ao lado da avó

Jandira, mãe de Vilma, Vera e Vanda, trabalhava como cozinheira numa pensão para estudantes. Assim, era a avó quem cuidava das meninas.

– O curioso é que, por conta disso, meus cinco irmãos mais velhos chamavam a Vó Maria de "mãe" e a minha mãe de "Dadia", o apelido dela – conta Vilma.

Vó Maria, como bem se lembra Vilma, observava bastante as coisas que se passavam ao redor. Ficava quietinha na dela, com o braço cruzado, a mão no queixo, olhar pensativo. Bem calma, não incomodava ninguém. Falava pouco e dizia a palavra certa no momento certo – não jogava conversa fora. E dava gargalhadas gostosas, tinha muito humor. Parteira, pelas mãos de Vó Maria vieram ao mundo Vilma e boa parte dos outros netos. Mas Ercília diz que esses procedimentos realizados tanto para a família quanto para a vizinhança causavam medo na meninada da casa.

Conhecedora das ervas, Vó Maria preparava garrafadas e dava às mães prestes a parir, "para fortalecer o útero". As plantas medicinais também eram tema de conversas que tinha com um colega médico – de vez em quando ela o presenteava com frangos do quintal e ovos para gemada. E as filhas de Maria davam continuidade a esse conhecimento popular. Na casa de Jandira sempre havia garrafadas com folhas e cânfora, às quais as meninas já sabiam que tinham de recorrer quando se machucavam: um remédio infalível.

As ervas medicinais eram igualmente usadas para benzer crianças trazidas por mães da vizinhança. Vó Maria pegava arruda e benzia ao mesmo tempo que fazia massagens. Agitação podia ser sinônimo de "mau-olhado, quebranto virado". Depois deitava a criança de bruços no colo, juntava o pé direito com o braço esquerdo e vice-versa, formando um X enquanto repetia várias vezes a reza. Em outro movimento, segurava os dois pezinhos e, com a outra mão, ia dando apertadinhas e tapinhas de leve. Vilma recorda que uma vez a avó pegou uma menina, levantou-a, deu uma sacudida e pronto: entregou a pequena para a mãe já livre do que a atormentava.

As folhas mais usadas para benzer eram arruda e guiné, que Vó Maria plantava no quintal. Enquanto rezava, o galho e as folhas iam murchando.

– Aquele mal pesado que estava na pessoa passava pra folha!

Ercília fala que o resultado das rezas chamava a atenção, tanto que a casa estava sempre cheia de mães com filhos pra benzer. E essa prática, comum principalmente nos bairros de predominância negra, era algo ao qual a elite branca recorria em momentos de angústia.

– Uma vez, no Rio, a filha da minha patroa foi curada por uma benzedeira do Morro do Cantagalo. A benzedeira pegou três galhinhos de guiné e começou a rezar. A folha murchou todinha! Dos meus olhos começou a escorrer água, da patroa também. A benzedeira rezou por três dias, e a menina, que tinha chegado com febre, diarreia e espinhela caída, melhorou, ficou boa, para surpresa e alegria de todos.

Excluídos de ambientes da elite, em Juiz de Fora os negros precisavam criar os próprios espaços de sociabilidade. Troca de conhecimentos populares, rodas de samba e dança, práticas religiosas e musicais: tudo isso possibilitava a articulação de redes de apoio e importantes formas de resistência. Enquanto mantinham e teciam essa identidade, buscavam meios de sobrevivência financeira – no caso das filhas de Maria Antonia, trabalhando como domésticas.

Apesar da fama de rebelde, Ercília dedicava-se com afinco ao serviço e em cada nova casa onde trabalhava recebia uma oportunidade de acumular mais aprendizados. Fora do emprego, procurava as boas companhias.

– Não gostava de andar com gente pior que eu, só bem melhor: é o meu lema.

DE MINAS AO RIO - SEGUINDO PELA VIDA

Mas renova-se a esperança

Nova aurora a cada dia

(*Coração de Estudante* - Wagner Tiso e Milton Nascimento)

Em Juiz de Fora, Vó Maria teve mais duas filhas, Glória e Nair, frutos do relacionamento com Geraldo, de quem se sabe apenas o prenome. Assim, enquanto algumas filhas começavam a engatinhar naquela cidade, outras, entrando na adolescência, já davam passos de maior responsabilidade.

Nascida em Lima Duarte, Francisca, a Tia Chiquinha, seguiu posteriormente para o Rio de Janeiro. No momento em que concedia depoimento a este livro, ela recebeu a visita de Glorinha, que também migrara para o Rio. Filhas de dois momentos diferentes da vida de Vó Maria relembraram ali o passado e o destino de outras irmãs, como Terezinha, que também nascera em Lima Duarte.

– A mãe Maria deu a Terezinha quando ela estava com um ano e meio de idade. Naquela época era comum quem tinha muitos filhos dar um filho para outra família, isso até em troca de dinheiro. A vida era de muito sacrifício para criar os filhos, não tinha como alimentar todos e o jeito era empregar cada um em uma casa. E foi nessa que a Terezinha sumiu.

Maria Antonia teria dado Terezinha a uma comadre, madrinha da menina, casada com um tal de José Amaro, encerrando ali as notícias que tinham da garota, de quem muitos se lembram da beleza. Mais tarde ouviram boatos de que essa família tinha se mudado para a cidade de Santos Dumont e depois para Barra Mansa, porém nunca souberam ao certo. Quando chegaram para morar na capital fluminense, Francisca e Glorinha tentaram localizar a irmã, mas sem sucesso.

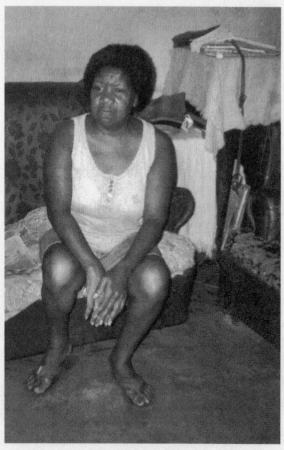

Tia Glorinha na Baixada Fluminense, Rio de Janeiro

Com a ausência de legislações específicas à época, a adoção ocorria sem maiores dificuldades ou julgamentos morais. As crianças de origem negra quase sempre tinham um mesmo destino: trabalho doméstico. Os interessados apareciam, faziam uma oferta e assumiam o compromisso de enviar dinheiro mensalmente aos pais biológicos. Glorinha não esconde a mágoa com essa situação, e Chiquinha diz ter sofrido muito nas mãos de patrões que levavam garotas da família para trabalhar em domicílio particular. Era obrigada a acordar às quatro e meia da madrugada, acender o fogão e fazer café para um sargento antes de ele ir para o quartel.

– Eu tinha hora pra acordar, mas não tinha pra dormir.

Chiquinha, no entanto, guarda boas lembranças do emprego anterior a este, ainda que fosse mais nova. Trabalhava para uma senhora italiana e as duas filhas encantadoras, Gioconda e Cecília.

– Não era uma patroa, era uma mãe, que fazia roupa para as filhas e fazia para mim. A minha função era brincar com as meninas. A mulher fazia macarrão em casa todo domingo, fazia pão, bolo e ainda dava pra mim, eu levava pra casa. Aí o doutor Abelardo, advogado para quem minha mãe trabalhava, me levou para Petrópolis. Eu chorei, chorei tanto. Tinha 7 pra 8 anos.

O tema adoção ganha importância também nos depoimentos de Tia Ercília, lembrando que a irmã Chiquinha saiu ainda criança de Juiz de Fora para o Rio de Janeiro, levada por Dona Pepenha, permanecendo na capital e lá casou. Mas a primeira da família a ir para o Rio, ainda adolescente, foi a Carminha.

– Porque nossa mãe não podia com aqueles filhos todos em volta dela passando fome. E as filhas eram ajuizadas.

3x4 de Carminha, mãe de Milton

48 VILMA NASCIMENTO JARY CARDOSO JOÃO MARCOS VEIGA

Maria do Carmo, a Carminha, puxou a mãe na ousadia de buscar vida melhor em outros cantos – "uma estranha mania de ter fé na vida", como na música de Milton e Brant. Após Vó Maria trocar a roça de Lima Duarte por Juiz de Fora, a primogênita seguiu em frente. Aos 17 anos de idade, Carminha se aventurou até a metrópole, o Rio de Janeiro, então capital do país, onde logo já estava empregada como doméstica. De lá ela mandava dinheiro para ajudar a mãe em Minas. A encomenda, lembrava-se bem Tia Ercília, chegava pelo correio num envelope transparente, grampeado, que só podia ser retirado mediante apresentação de documento do destinatário.

– Tinha um comerciante espanhol, Seu Alexandre, que recebia as cartas do pessoal que morava lá pra baixo da Várzea de Euclides, na Rua Bernardo Mascarenhas. Quando chegava, ele dizia pra minha mãe: "Oh, vá no correio, tem dinheiro pra senhora".

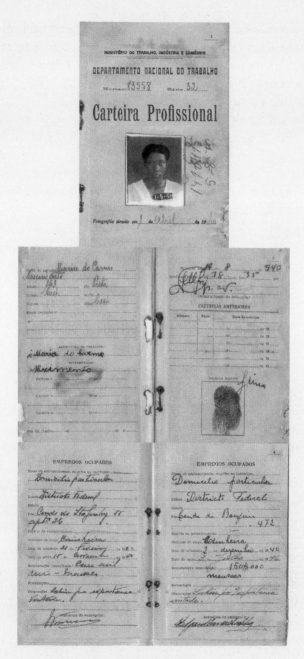

Carteira profissional de Maria do Carmo Nascimento

As folhas amareladas pelo tempo da carteira profissional de Maria do Carmo Nascimento contêm algumas informações sobre aquela que viria a ser a mãe biológica de Milton Nascimento. O documento é de 1940, emitido quando ela estava com 18 anos e morava havia cerca de um ano no Rio de Janeiro, labutando como empregada doméstica. Antes já trabalhara sem carteira, na casa de Dona Eunice, patroa com quem se dava muito bem, segundo as irmãs. Mas agora passava a contar com carteira assinada e direitos assegurados pelo Ministério do Trabalho, Indústria e Comércio.

De acordo com o documento, a foto da jovem foi tirada em 1º de abril daquele ano: tinha 1,63m de altura, cor preta, cabelo e olhos castanhos, e instrução primária, ou seja, cursara do 1º ao 4º ano do ensino fundamental. Estão registradas duas admissões como cozinheira em domicílio particular no mesmo ano de 1940. O primeiro apontamento mostra que ela trabalhou por apenas nove meses num local na Rua Conde de Itaguaí, 55, bairro Tijuca, ganhando 100 mil réis mensais. O segundo registro indica um trabalho iniciado duas semanas depois em residência na Rua Conde de Bonfim, nº 472, a 270 metros dali, na mesma Tijuca, desta vez para receber 150 mil réis mensais. A assinatura como empregador é do Sr. Edgar de Carvalho e Silva, marido da Dona Augusta de Jesus Pitta – família que viria a ter papel decisivo no futuro de Bituca, menino que Carminha daria à luz dois anos depois de admitida naquele lar.

Maria do Carmo cativava as patroas com facilidade, tanto pela simpatia quanto pela competência. Tia Ercília se recorda da irmã ser direita, honesta e moça trabalhadeira.

– Fazia de tudo numa cozinha, com carinho e amor, tinha um tempero muito bom. O que ela gostava de fazer era cozinhar. Trabalhou em muitos lugares e foi aprendendo... a pessoa tem aquele dom.

Carminha, segundo a irmã mais nova, era muito alegre, vivia cantando. Os versos de uma das músicas que lembra ouvi-la entoando dizia: "Sei que é covardia/ um homem chorar/ por quem não lhe quer/ Não descanso um só momento/ não me sai do pensamento/ essa mulher/ que eu quero tanto bem/ e ela não me quer!/ Outro amor/ não resolve a minha dor!...". Adorava Ataulfo Alves.

– Era uma bênção de Deus. Tinha uma voz bonita mesmo, suave, sonora, fininha, e não sabia que tinha, nem a gente dava valor.

Mas enquanto Carminha ganhava a vida no Rio de Janeiro, Ercília voltava um passo atrás, retornando a Lima Duarte, devido à rebeldia e ao trabalho que dava à mãe em Juiz de Fora. O temperamento indócil chegara ao limite para Maria Antonia, que a mandou de volta ao lugarejo natal da família, Manejo, para morar com Tia Ia. Em Lima Duarte, ela fez a 1ª série e aprendeu algo de leitura com o tio que, apesar de pouca instrução em sua origem rural, sabia ler. Mas os pontos positivos param por aí. Foram tempos difíceis para a menina:

– O problema na casa da Tia Ia é que quando chegava o fim de semana eu ficava triste. Sabe o que é criança ficar sem alegria? É que, chegava sexta-feira, meu tio recebia o pagamento e já trazia garrafa de cachaça pra casa, aí todo mundo bebia, a mãe, os filhos, e eles se desentendiam, brigavam feio. Eu ficava com medo de um matar o outro. Ficava apavorada e corria pra casa de uma velha que morava bem longe, e pra chegar lá tinha que pegar uma trilha no meio do mato, com cobra no meio do caminho – eu dava cada pulo.

Ercília preferia enfrentar as cobras do que continuar naquele inferno, com a casa toda quebrada e marcas de briga nos rostos. Até que a irmã mais velha, sua madrinha Maria do Carmo, soube da situação, não gostou nada daquilo e mandou buscá-la, dessa vez para ir ficar com ela na capital federal, na tal casa onde cozinhava no bairro da Tijuca. Carminha enviou do Rio de Janeiro dinheiro para a viagem da irmãzinha. Assim, depois de um período de punição amarga para a rebeldia, chegando a experiências traumáticas, Ercília foi socorrida e partiria diretamente da roça para a metrópole.

Mais de meio século depois, Tia Ercília se diverte ao relembrar como se deu aquela chegada triunfal à capital da República, vinda da zona rural de Lima Duarte. Nessa época, início da década de 1940, ela deveria estar perto dos 10 anos de idade, ainda uma criança, mas já com experiência na lida – começara a trabalhar muito cedo. A menina viajou sozinha sob a responsabilidade do motorista do ônibus e de uma moça sentada a seu lado. Na Praça Mauá, centro nevrálgico da zona portuária carioca, a madrinha já estava à espera. Mas a emoção de receber a irmã deu lugar às gargalhadas, devido às roupas pouco adequadas da mineirinha para o tumulto e calor do centro urbano: salto alto, saia de suspensório e blusa para dentro, além de um embrulho debaixo do braço fazendo as vezes da mala.

– A Carminha olhou pra mim, ela era muito engraçada, e disse assim: "Urubu pousou aí?" Ah, vou te contar, hoje lembro e acho engraçado. Paguei os maiores micos e minha irmã também, coitada, ainda bem que era de noite... Imagina, eu era menina, morava no meio do mato e cheguei no Rio de salto alto! Eu devia estar uma graça, né? Fazer o quê?

Logo a vista da menina começou a se deslumbrar com a capital. Porém, assim que saiu do ônibus, ao contemplar uma relojoaria bateu com a cabeça e o nariz na vitrine – nunca havia se deparado com uma. Nas semanas seguintes, quem ajudou na adaptação foi a patroa, Dona Augusta, que tirou do baú vestidos das filhas, que já estavam mocinhas, sentou na máquina e reformou aquilo tudo para Ercília.

– Fiquei bonita, toda bacana, aqueles vestidos bons. Foi muito bom. E ainda fez fantasia pra eu brincar no carnaval!

Na época em que ela, menina, chegou ao Rio, o samba *Aquarela do Brasil*, de Ary Barroso, era a música mais tocada no rádio em 1939, mesmo ano em que teve início a Segunda Guerra Mundial; em 1940 o destaque foi *Oh! Seu Oscar*, de

Ataulfo Alves e Wilson Batista. Diante dessa informação[13], Tia Ercília pega a deixa e canta:

– *Oh! Seu Oscar/ tá fazendo meia hora/ que sua mulher foi-se embora/ e um bilhete deixou/ O bilhete assim dizia:/ "Não posso mais/ eu quero é viver na orgia"*. A minha irmã Carminha cantava essa também.

Em 1941, o grande sucesso era *Alá-lá Ô*, de Nássara. Em 1942, ano em que o Brasil entrou na Segunda Guerra Mundial e no qual, dois meses depois, Milton Nascimento viria ao mundo, a preferida foi *Praça Onze*, de Herivelto Martins, samba que Tia Ercília e Vilma recordam rapidamente e entoam juntas no depoimento para o livro. Em 1943, *Adolfito*, de João de Barro e Alberto Ribeiro, assim como o personagem histórico que inspirou o tema, estavam na boca dos cariocas.

– Adolfito era o Adolf Hitler. Não lembro dessa, mas lembro de outra, também sobre Hitler: "Quem é que usa cabelinho na testa/ e um bigodinho que parece mosca/ Ê ê ê ê palhaço[14]...".

Na casa de Dona Augusta, Maria do Carmo trabalhava duro. Com dois andares, a casa tinha salas enormes, convertendo-se numa pensão com três famílias como hóspedes. Carminha era uma cozinheira de mão cheia, de forno e fogão, e também fazia uns biscates, cozinhando para rapaz solteiro e lavando roupa. Dessa época, Ercília guarda a memória da irmã mais velha como uma criatura alegre, sempre sorrindo e muito divertida.

– Ela imitava todo mundo, era terrível. As meninas morriam de rir. Era muito querida, todos gostavam muito dela lá na pensão. Qualquer empregada que entrava na pensão se dava muito bem com ela.

---

13 No registro de seu depoimento, Ercília vê no livro *Aos Trancos e Barrancos*, de Darcy Ribeiro, folheado pelo entrevistador, um quadro de acontecimentos do país discriminados ano a ano por tema, incluindo uma coluna de sucessos da música popular brasileira.

14 *Quem é o tal*, marchinha de carnaval de autoria de Ubirajara Nesdan e Afonso Teixeira.

E Ercília, no dia seguinte à chegada, também já começou a trabalhar. Entregava marmitas, empilhadas umas sobre as outras. Distraída, no início andava no meio-fio e dava cabeçada nos postes. Mas depois deixou de lado a caipirice e aprendeu rapidamente a se virar na cidade grande.

– Ganhava 30 mil réis, era dinheiro pra caramba naquela época, pra mim, menina, que não gastava nada e eles me davam tudo! Mandava 20 pra Juiz de Fora e ficava com 10, a gente ajudou bastante minha mãe.

As duas filhas de Dona Augusta, Dulce e Lília, a ensinaram a ler melhor – algo que ela desfruta com muito gosto ainda hoje. Mas trabalhando em casa de família não tinha condições de estudar numa escola. O jantar era servido às sete da noite, justamente a hora em que começavam as aulas noturnas, que só havia em igrejas católicas. A partir dali decidiu: "Ah, eu não estudei, mas meus filhos vão estudar[15]!"

Logo após a chegada de Ercília, Carminha engravidou. Era início de 1942. Ela namorava um motorneiro da linha Tijuca, o João, um simpático rapaz que morava na favela da Barreira do Vasco. O ponto do bonde era exatamente na porta da casa da Dona Augusta – ali Maria do Carmo conheceu aquele bonito rapaz negro e se apaixonou.

– Foi paixão mesmo, a Carminha gostava demais daquele homem, o pai do Milton, e ele não merecia toda essa paixão – diz Ercília.

Depois de engravidar, Carminha continuou trabalhando na pensão da Dona Augusta. Contando com o apoio da patroa, deu a luz a Milton Nascimento no dia 26 de outubro

---

[15] Dito e feito, um deles, com o 2º grau concluído, trabalha com gastronomia, e a filha Denise se formou professora, custeando os próprios estudos e é bem-sucedida na profissão após cursar duas faculdades na área.

de 1942, às seis da tarde, no Hospital-Escola de Laranjeiras, no Rio de Janeiro – a família biológica percebe ainda hoje os traços fortes da mãe que permanecem no filho único, rosto este reconhecido em diferentes partes do mundo.

Maternidade Escola onde Bituca nasceu, nas Laranjeiras, Rio de Janeiro

Na casa de Dona Augusta, quem cuidava de Milton era Teresa. Olinda, que era babá dos filhos de Dulce (Mauro e Soninha), também olhava o menino e costumava levar todas as crianças pra brincar no Tênis Clube Tijuca, a poucas quadras dali. Segundo Ercília, foi Dona Augusta quem botou o apelido de Bituca, quando ele era pequenininho, inspirado em Pinduca, personagem de gibi cuja cabeça pontuda e as expressões se assemelhavam às do menino.

– Aí apareceu pra trabalhar na pensão uma nortista, a Elza, que também tinha um filho neném. E Dona Augusta apelidou o Milton de Bituca e o filho da Elza de Bororó, porque ele parecia um índio.

Já o próprio Bituca assegura[16] que a origem do apelido é outra: foi dado por Lilia, que viria a ser sua mãe adotiva. O motivo seria o bico que fazia quando estava emburrado – ainda que fosse uma criança que não desse trabalho, não se dobrava fácil.

A vida na casa de Dona Augusta estava sendo muito boa para Ercília. Mas o gênio forte veio à tona mais uma vez. Implicava e brigava com as empregadas da casa, que não paravam no serviço por causa dela.

Ao recordar esse período, a velha senhora confessa um arrependimento que traz desde aquela época de adolescente: deveria ter se empenhado em refrear o mau gênio.

– Sabe como é criança, criança não tem miolo. E eu aprontei lá. Se soubesse reconhecer o valor que aquela gente dava por mim, tinha agido de outra maneira. Mas eu não tinha nada na cabeça.

Uma vez, ao discutir com a cozinheira da pensão, não pensou duas vezes, pegou uma pedra e tacou na moça, que teve a testa aberta num machucado feio.

– O que que é isso, meu Deus? Parecia uma coisa ruim que estava comigo. Aí me escondi dentro de um quarto e escutei a moça falando pra uma filha da Dona Augusta: "Dulce, olha o que a Ercília me fez". E a Dulce disse assim, eu escutando: "A Ercília está dando muito aborrecimento aqui em casa, a gente vai mandar ela pra Minas".

O primeiro impulso da menina foi fugir para evitar o retorno a Juiz de Fora. Pouco antes uma amiga havia indicado um novo emprego para Ercília, na casa de Dona Eronita, no mesmo bairro. Assim, correu escondida para a Rua Medeiros Pássaro, subida do Morro da Formiga, deixando um bilhete na pensão: "Dona Augusta, vou fugir, mas não se preocupe, não vou fugir com homem não, vou trabalhar em outra casa.

---

16 *Travessia: a vida de Milton Nascimento* (2007), da jornalista Maria Dolores.

Não quero voltar pra Minas, a senhora disse que tenho que voltar pra Minas, eu não quero".

A nova patroa ficou compadecida da versão contada por Ercília e, apesar de não estar precisando de empregada naquele momento, a acolheu para ajudar nos serviços gerais. Ela ia se dando bem ali, até que Dona Eronita descobriu a história toda da agressão e da fuga. Fim de linha para a menina rebelde.

– Foi triste. Engraçado é que a gente chama a atenção das crianças, mas a gente também já aprontou! E esquece, né?

Ercília acredita que tenha se tornado ainda mais desajuizada em parte porque na época Carminha saíra da pensão para morar com João, cedendo àquela paixão, que não prometia muito futuro, e deixando a irmã mais nova sem referência constante no trabalho.

– Talvez se ela tivesse ficado comigo não aconteceriam as besteiras que eu fiz.

Dessa vez, porém, Ercília não pôde escapar e, muito a contragosto, foi mandada de volta pra Juiz de Fora. Lamentava a nova situação, arrependida das bobagens que fez na casa da Dona Augusta. Mas como lhe disseram que "estava apenas indo passear", ficou na ilusão de que retornaria logo ao Rio.

– Cheguei a pensar: "Ah, meu Deus, seria tão bom se a Dona Augusta aparecesse pra me buscar. Gostaria de ter uma sorte assim: pensar uma coisa e acontecer".

E eis que um dia na cidade mineira, enquanto a mãe fazia trancinhas em seu cabelo, colocando-a como de costume no chão entre as pernas, ela vê um carro preto apontar no alto do morro.

– Era Dona Augusta! Saltaram do carro ela e o Seu Edgar e desceram o morro. Dona Augusta disse: "Vim te buscar, Ercília!" Era tudo o que eu queria ouvir!

Mas a boa notícia trazia uma pior: Carminha estava doente. Além de necessitar de um apoio pessoal, era preciso alguém para substituí-la na cozinha e em outros afazeres na casa. Ainda que triste por ser chamada de volta em tal contexto, Ercília voltou pra onde queria, porém com mais responsabilidades. Ela não entendia nada de cozinha quando foi incumbida dessa missão. Mesmo doente, a irmã mais velha dava dicas e, boa observadora, a menina ficava olhando como assar uma carne, preparar as refeições. Meteu a cara no serviço e deu conta do recado. Com 12 a 13 anos era ela quem cozinhava para todos da pensão.

Tia Chiquinha também trabalhou na pensão de Dona Augusta, na Rua Conde de Bonfim. Lembrava-se bem de Carminha levantando de madrugada: cozinhava, fazia marmita, lavava, passava – mas não precisava se matar de trabalhar naquela casa, onde todos a respeitavam e admiravam. Depois que foi pro Rio, Francisca preocupava Vó Maria: não escrevia, não mandava dinheiro nem notícias para a família. Pediu então ajuda à primogênita Maria do Carmo, que apareceu no trabalho da irmã mais nova em Botafogo em busca de notícias, trazendo já no colo o pequeno Bituca, que não tinha um aninho ainda.

Francisca conheceu o pai de Milton, guardando na memória a lembrança de um negro muito bem afeiçoado, mas que resistia à ideia de casar e assumir maiores responsabilidades em prol da família que se formava com aquele nascimento. Ainda assim, Carminha e João passaram a morar juntos num quarto de uma casa de cômodos no Largo da Segunda-feira, no mesmo bairro da Tijuca. Quando ia trabalhar, ela levava Bituca, que foi se criando com a família da Dona Augusta.

Mas aquela paixão repentina, a gravidez num momento conturbado, parece ter abalado a harmonia entre Carminha e a dona da pensão. Depois de um suposto desentendimento, ela saiu do emprego para morar com a família de João na Barreira do Vasco, na Baixada de São Cristóvão, carregando o filho pequeno. No entanto, afeiçoada a ambos, Dona Augusta não abria mão de visitar Carminha e Milton regularmente. E na pensão igualmente todos morriam de saudade do menino, que era encantador desde pequenininho – preocupavam-se bastante com a permanência de Bituca na favela.

– Vocês sabem como a vida era difícil nessas favelas. Não havia água, tinha que levantar de madrugada e passar a noite na fila com aquelas latas de vinte litros pra pegar um pouco de água. E Carminha é quem ia – recorda-se Ercília.

Faltavam também energia elétrica e saneamento básico, o esgoto corria a céu aberto e o lixo se acumulava nas ruas. Depois de ter presenciado aquela situação algumas vezes, um dia Dona Augusta não aguentou, pegou o carro e foi lá, decidida a tirá-los dali ou, ao menos, fazer o que estivesse a seu alcance.

– Ela chegou, olhou o ambiente, olhou pro Bituca, viu ele *maltratadinho*. Também não gostou de ver a mãe bem magrinha e disse pra minha irmã: "Maria do Carmo, vamos embora". Mas ela não quis ir. Então, Dona Augusta falou: "Se você quer ficar aqui, você fica, mas o Bituca não vai ficar não, o menino nasceu na minha casa e vai com a gente, vou botar no carro e levar agora! Você concorda, Maria do Carmo? Em você não posso mandar, mas a porta está aberta pra você também".

Dona Augusta pegou o menino e o levou de volta para a Tijuca. Naqueles tempos, o pai de Milton só o via quando o bonde parava no ponto em frente à pensão de Dona Augusta. E o menino ficava quase o dia todo no portão da casa, aguardando algum aceno do motorneiro. Pouco depois, Carminha voltou para pensão, mas já estava doente e muito abatida, irreconhecível para quem conhecera sua força e alegria.

Maria do Carmo somava 25 anos quando contraiu tuberculose. Segundo a versão de Ercília, certa vez a irmã mais velha foi levada por Dona Augusta e o marido, Sr. Edgar, numa viagem de carro a Juiz de Fora pra passar a Semana Santa com a mãe, Maria Antonia, aproveitando também para visitar Sueli, afilhada de quem ela gostava muito. Na volta dessa viagem, estranhou a mudança de ar, o clima, e pegou uma gripe forte. Não levantou mais da cama.

Em outro depoimento para o livro, Alciones Maria Gonçalves da Silva, a Ione, prima em primeiro grau de Vilma e Milton, quatro anos mais velha que este, guarda lembrança de uma visita de Carminha e do filho bebê à casa em que vivia com o pai, Geraldo David Gonçalves, no bairro da Cerâmica, em Juiz de Fora – a mãe Djanira Maria de Jesus havia morrido de tuberculose alguns anos antes. É provável que esta seja a viagem à qual Ercília se refere.

– O Bituca vestia uma calça azul marinho até o joelho, com suspensório, blusa branca, gorro azul, sapato preto, meia branca, muito chique! A mãe e o filho estavam lindos e elegantes. A Tia Carminha era uma mulatinha com a pele mais clara do que a da minha mãe, as duas muito bonitas – conta Ione.

Tanto a própria Ercília quanto Chiquinha acreditam, entretanto, que o agravante decisivo tem relação com as condições insalubres em São Cristóvão, às quais Carminha e filho estiveram expostos depois de mudarem-se com João para a favela – a baixa imunidade estava entre os principais fatores para uma pessoa ser acometida pela doença.

Com a mãe de Milton de volta ao bairro da Tijuca, Ercília começava a tomar juízo frente à gravidade da situação: cuidava, lavava roupa, preparava refeições e dava banho na irmã mais velha. Mas com o avanço da doença, Dona Augusta decidiu por mandar Carminha de volta a Juiz de Fora, após anos de serviço ali, provavelmente receosa de que a família e demais moradores da pensão fossem contaminados. A tosse com sangue da pessoa tísica era um verdadeiro drama e causava fortes e compreensíveis temores de contágio pelo bacilo no ar.

Porém, em Minas, Vó Maria não teria condições de cuidar da filha, além de a cidade não dispor de estrutura como a capital[17].

---

[17] O primeiro hospital especializado no tratamento de tuberculose em Juiz de Fora seria inaugurado apenas no final da década de 1950.

– Era uma casa pequena, com dois cômodos, e outras pessoas moravam lá, a família era muito pobre. Ali não tinha condições de cuidar direito da Carminha, dar a boa alimentação que ela precisava. Foi horrível, isso apressou a sua morte. Na época a tuberculose não tinha cura, quem pegasse a doença estava condenado.

Maria do Carmo voltou a Juiz de Fora sem o filho, que ficou na pensão de Dona Augusta. Ione lembra com tristeza o retorno da tia:

– Desta vez veio sem o Bituca e chegou doente de cama, ficou na casa da avó, no bairro de São Mateus. Fui visitá-la, estava deitada, me olhou e baixou a cabeça.

Apesar de ter poucas lembranças da irmã mais velha, Tia Nair, filha da Vó Maria nascida em Juiz de Fora, também se recorda do momento em que a irmã retornou à casa da família, na Rua José Vaz (onde hoje fica a Rodoviária). Nair tinha cerca de 7 anos naquele ano de 1944 e recebeu dela um anel como presente:

– A Carminha era mocinha, mas estava bem magrinha, já chegou muito ruim, desenganada e morreu logo, me lembro que foi pela manhã. *Prasquele* lado não tinha médico, só tinha a Santa Casa e a Carminha nem foi para lá. Talvez se tivesse chegado antes da piora... Mas tuberculose na época não tinha cura. Eu vi ela morta na cama, depois saí pra fora, não queria mais entrar na casa.

A família já sabia o que esperar. Ercília havia presenciado pouco tempo antes o falecimento de uma colega vítima da doença, menina de 15 anos, que pegara tuberculose numa fábrica de tecelagem e fiação, onde trabalhava muito com algodão e se alimentava mal. Sabia, assim, que a situação era muito preocupante.

Carminha ficou magra, pele e osso, gritava e tinha visões. As irmãs Chiquinha e Ercília não reconheciam nela aquela figura forte de outrora, saudável e alegre, vaidosa em seu salto alto e que gostava de cantar como Carmen Costa no rádio. O bacilo da tuberculose atacou os pulmões, com água na pleura, chegando provavelmente aos ossos e sistema nervoso. Maria do Carmo morreria um ano depois em Juiz de Fora, vítima da tuberculose e complicações ainda jovem – assim como outra irmã, Djanira. Seria vítima da bactéria pelo menos uma década antes da comprovação da eficácia da vacina BCG e da sua difusão entre as populações mais pobres[18].

---

18 Até então, o tratamento existente só era disponível para quem pudesse se isolar num sanatório no alto de uma montanha para respirar ar puro, usufruir de boa alimentação e repouso. Ainda que seja tão antiga quanto a colonização portuguesa no Brasil, a tuberculose está longe de ser eliminada porque se trata, principalmente, de um problema social e urbano. A doença, que é transmitida pelo ar, tem estreita relação com as condições de moradia, acesso aos serviços de saúde e alimentação adequada. Ela se dissemina mais facilmente em áreas de grandes aglomerações de pessoas e de alta concentração de pobreza, como nos ambientes fechados das favelas que não têm entrada de luz solar ou circulação de ar.

DO LAMENTO OUTRA VIDA VAI NASCER

Morte vela sentinela sou do corpo desse meu irmão que já se vai

Revejo nessa hora tudo que ocorreu, memória não morrerá

(*Sentinela*, de Milton Nascimento e Fernando Brant)

Quem adorava Carminha era sua cunhada Esmeralda. Ao chegar à casa de Dona Augusta para fazer uma visita à amiga e ao filho, recebeu a triste notícia: "A Maria do Carmo faleceu". Esmeralda chorou muito e telefonou para dar a notícia ao pai de Milton. João mais tarde ligou para saber se a família de Dona Augusta ficaria com seu filho. Disseram que sim. "Se você não for criá-lo, o Bituca fica com a gente", respondeu Dona Augusta. O pai de Bituca não pensou duas vezes: "Então tá bom, está em boas mãos". E nunca mais ligou, nem nunca procurou o menino.

Ainda na casa da Tijuca, uma das filhas passara a ter afeição especial pelo pequeno Bituca desde que este veio ao mundo. Era Lília. A jovem estudava piano, instrumento que já fazia os olhos do menino brilharem. Esse entrosamento entre os dois chamava a atenção de Dona Augusta, pesando na decisão que viria a tomar. O que aconteceu em seguida está bem descrito na biografia de Milton, assinada pela jornalista Maria Dolores. Após a morte de Carminha:

"(...) coube à mãe de Lília, Augusta, decidir o futuro da criança. Mulher de razão e bons princípios, Augusta achou por bem, e justo, levá-lo para a casa da avó natural, em Juiz de Fora. E assim o fez, pouco antes do casamento da filha. (...) Lília se conformou. Bituca, não; de uma hora para outra, perdera a todos que amava. Com dois anos e meio, partiu para a nova vida, na casa da família que jamais imaginara existir. Seu mundo havia desabado" (Travessia – A Vida de Milton Nascimento).

Tia Glorinha lembra de um episódio com Milton nessa época, quando ela estava com cerca de 6 anos e Vó Maria morava no centro de Juiz de Fora. Foi num dia em que a mãe havia saído para trabalhar e ficou em casa com Bituca e mais três crianças, filhas de um vizinho, todos famintos.

– A gente não tinha o que fazer pra comer e pegamos folhas, botamos no fogão de lenha e cozinhamos. Eu me lembro como se fosse hoje, o Bituca estava com aquela chupeta vermelha que não tirava da boca e um paletó de flanela com um desenho vermelho dos dois lados. Nós todos passamos mal, porque o que eu cozinhei era folha de inhame *brabo*. Ficamos de piriri e fomos socorridos por vizinhos, que sabiam que estávamos sós.

Milton Nascimento contou à biógrafa que esse tempo na casa da Vó Maria foi de muita tristeza e que ele "não conseguia se adaptar à nova realidade". Essa angústia guarda semelhanças com o período em que a menina Ercília partiu, contrariada, da aconchegante pensão da Dona Augusta pra cumprir punição, retornando a Juiz de Fora. Os dias passavam lentamente, com o pequeno Bituca sentado na calçada à espera de que alguém voltasse para lhe pegar. E a dolorosa espera também foi recompensada.

Bituca estava no meio-fio quando o automóvel apontou no fim da rua. Logo reconheceu o motorista e a passageira. Lília saltou, pegou-o no colo e deu-lhe um longo abraço. (...) Zino e a esposa conversaram com a mãe de Maria do Carmo, explicaram suas intenções. Ela não fez objeções e deixou o casal levar o neto para criá-lo como filho. Foi exatamente o que fizeram. (...) Lília e Zino o educaram como verdadeiros pais, deram-lhe o amor de pais e exigiram dele o que exigiram dos outros filhos.

A partir das memórias da infância e dos relatos que guarda da família adotiva, Milton relembra[19] ainda hoje como teria se dado o diálogo decisivo para seu futuro: "Aí minha vó falou: 'Olha, ele ama vocês, vocês amam ele. Então ele pode ir com vocês'".

A adoção de Milton aconteceu de forma bonita e leve. As famílias já se conheciam, Dona Augusta nutria admiração e respeito pelo caráter e beleza dos Nascimento. Estes já sabiam da generosidade da patroa para quem Carminha e Ercília trabalharam. Construindo uma nova vida em Três Pontas ao lado de Zino, Lília não conseguia engravidar, e certa solidão encontrava conforto na lembrança de uma empatia mágica desenvolvida com Bituca logo que ele veio ao mundo. Por caminhos que ora convergiam, ora se distanciavam, era como se estivessem destinados um ao outro. Chegara, então, o momento de uni-los definitivamente pelas circunstâncias que a vida estava lhes proporcionando.

Ao partir para Três Pontas, terra natal de Zino, Milton teve sorte na vida como nenhum outro da família Nascimento. Foi criado – primeiro no Rio de Janeiro e depois em Minas Gerais – em casas onde a música, o cuidado e o estímulo artístico eram constantes, recebendo a base para desenvolver o talento natural e se tornar um dos maiores artistas do mundo.

Em entrevista a um programa de televisão[20], Milton Nascimento falou de sua mãe biológica e do carinho da família de Dona Augusta com Maria do Carmo:

"Era empregada na casa dos pais da Lília, que tinham um amor pela minha mãe que é uma loucura. Geralmente quando a empregada ficava grávida, o pessoal mandava embora, né? Lá foi ao contrário, pegaram minha mãe e eu, até o dia em que minha mãe se foi."

---

[19] Depoimento dado ao especial *Milton Nascimento e o Clube da Esquina*, do Canal Brasil (2020).

[20] Programa *Esquenta*, conduzido por Regina Casé, exibido no dia 21 de julho de 2013.

Depois que Carminha morreu, Ercília decidiu se ajuizar e buscou apoio na religião. Passou a frequentar o catecismo. Colada à casa de Dona Augusta, uma antiga igreja foi desocupada para a construção de outra mais nova. Por iniciativa de uma senhora, o local passou a reunir empregadas domésticas tanto para o catecismo quanto para a alfabetização em geral, além de promover festas de confraternização, sob as bênçãos de Santa Zita.

– Eu ficava olhando aquilo e acabei entrando na Irmandade de Santa Zita, a santa das empregadas domésticas, que carregava um jarro d'água na cabeça. Elas usavam uniforme com fita azul, guarda-pó branco, meia comprida. Era bonito. As empregadas domésticas têm muita fé nela.

Anos depois, Ercília se tornaria adventista do Sétimo Dia, mas preservou na memória a oração dedicada à santa que rezava com as colegas: "Ó Santa Zita, que no humilde trabalho doméstico soubestes ser solícita como foi Marta, quando servia a Jesus", diz a reza[21]. Ela ainda seguiu na pensão da Rua Conde de Bonfim por algum tempo, trabalhou em outras casas no Rio, passou períodos em Juiz de Fora, até se casar, em 1960, na cidade fluminense de Nova Iguaçu. E o pequeno Bituca, ainda que trilhando uma nova vida junto à família adotiva, manteve laços afetivos com os Nascimento até o início da vida adulta.

---

[21] *"Ó Santa Zita, que no humilde trabalho doméstico soubestes ser solícita como foi Marta, quando servia a Jesus, em Betânia, e piedosa como Maria Madalena, aos pés do mesmo Jesus, ajudai-me a suportar com ânimo e paciência todos os sacrifícios que me impõem os meus trabalhos domésticos: ajudai-me a tratar as pessoas da família a que sirvo como se fossem meus irmãos. Ó Deus, recebei o meu trabalho, o meu cansaço e as minhas tribulações, e pela intercessão de Santa Zita, dai-me forças para cumprir sempre meus deveres, para merecer o reconhecimento dos que sirvo e a recompensa eterna no céu. Santa Zita, ajudai-me"* – Oração transcrita do site "O Poder da Oração".

Rio de Janeiro, início dos anos 50.

É domingo e a mineira Ercília, já muito vivida nos seus vinte e poucos anos, está feliz porque mais uma vez a folga do trabalho como empregada doméstica será desfrutada ao lado do sobrinho. Vai apanhar Bituca na casa de Dona Augusta, antiga patroa dela e da irmã mais velha. Desde que esta falecera, Ercília só encontra o menino quando ele vem ao Rio em época de férias escolares. Telefona pra ela e os dois passam o domingo juntos – saem para almoçar e ir ao cinema.

Desta vez a tia vai atender ao desejo do sobrinho, agora com 11 pra 12 anos, e levá-lo de trem até Madureira para visitar Teresa, babá dos tempos da pensão, por quem o menino nutria um carinho especial. Bem arrumadinhos, Ercília e Bituca seguem pra estação, o garoto com ar de mistério carregando alguma coisa embrulhada que não dá pra identificar. Seria um brinquedo? Já sentados nos fundos do vagão e o trem em movimento, o menino faz uma grande surpresa à tia e aos passageiros.

– Presta atenção no que eu vou contar – rememora tia Ercília com empolgação, passados mais de sessenta anos da cena.

Os passageiros já estavam acomodados para a viagem do trem, distraídos vendo a paisagem, "olhando pra ontem" – como lembra a tia. Eis que Milton desembrulha uma sanfoninha e passa a fazer um show dentro do vagão.

– Tudo o que vinha na mente ele tocou, fez o que bem quis naquela miniatura de sanfona, até música clássica! As pessoas olhavam admiradas pros fundos do vagão... Você quer saber? Todo mundo gostou!

Ercília estava familiarizada com o precoce interesse de Bituca por música, a novidade foi ver a repentina exibição ao pequeno público do vagão e a surpreendente habilidade com um instrumento aparentemente de poucos recursos.

– Desde pequeno ele já mostrava talento, nasceu com o dom de ser artista. É coisa do sangue mesmo, que está na veia da pessoa.

E naquele dia do passeio com a tia, o menino prosseguiu seu show na casa de Teresa.

– Ele fez uma festa, tocou, cantou, estava feliz, uma maravilha. Fui lá só uma vez com ele, mas não esqueço, foi incrível mesmo. Não é bonita uma coisa dessas?

No depoimento ao livro, Ercília folheia uma antiga revista "Manchete" que contém reportagem em Três Pontas sobre o sobrinho já famoso. E repara na pequena sanfona que aparece numa das fotos:

– É essa mesmo, é a sanfona do trem. Ele guardou com muito carinho.

A tia se emociona diante de uma foto do Bituca bem garoto. Quem colocou essa "Manchete" na roda das recordações em família foi a sobrinha Vilma, seis anos mais nova que o primo famoso – ela e Tia Ercília estão entre os homenageados por Milton e Fernando Brant na canção *Raça* (1970), ao lado da cantora Clementina de Jesus, do sambista Monsueto, do ator Grande Otelo, do percussionista Naná e de Seu Francisco (servidor da Justiça em Belo Horizonte que fazia café e contava histórias), além de todas as Marias.

"À minha avó e tia uma lembrança da minha formatura. Milton. 12.12.1958"

Tia Nair também se recorda de uma visita de Milton a Juiz de Fora já no início dos anos 1960, quando ele era um adolescente. Após recebê-lo em casa no bairro Padre Café, no beco da Carlos Gomes, o rapaz quis visitar a tia Jandira no bairro Teixeiras, e almoçaram todos juntos, passando o dia por lá. Essa seria a última vez que as duas tias se lembram de estar com o sobrinho.

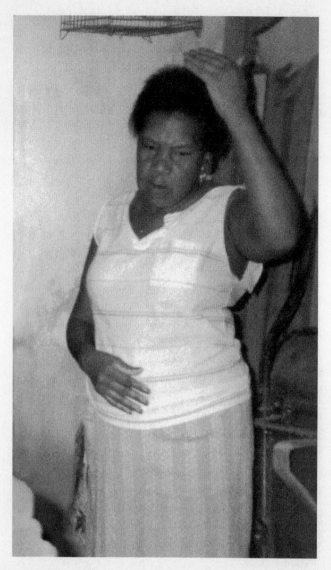

Tia Nair em sua casa no bairro de Santo Antônio, Juiz de Fora

Com Vó Maria em Juiz de Fora e cada filho aumentando os galhos da família, a cidade seguiu como cenário de busca por condições de trabalho, dignidade e moradia para os Nascimento. A família viveu em diferentes lugares e as filhas contam que uma vez, ainda nos primeiros tempos na cidade, quando moravam perto do Paraibuna, o rio transbordou. A enchente inundou a casa destruindo móveis e sumindo com os documentos pessoais da avó.

Ainda assim as lembranças dessa época são carregadas de afetividade. Tia Glorinha, que nasceu em Juiz de Fora, fala da vida tranquila e pacata que tinham na Várzea de Euclides, próxima do centro da cidade, sempre cercada por uma rede de parentes e amigos para enfrentar os desafios daquele cotidiano.

– O bairro onde morávamos era de pessoas pretas pobrinhas e tinha brancos também. Ah, tinha a Dolores, como eu me lembro dela!, cantava muito bem. Dolores era loira, tinha o cabelo todo cacheado.

A memória ganha brilho forte ao falar da mãe, que plantava milho, socava no pilão e fazia fubá, vendido pelos patrões. Trabalhava dia e noite em prol da família, sem se descuidar de ser exemplo de determinação e alegria.

– Minha mãe, vou lhe dizer, a Maria Antonia de Oliveira, foi uma supermãe. O que ela fez para os filhos dela não está no gibi. Era faceira, tinha um corpo muito bonito, uma neguinha *trabalhadeira*, seresteira, adorava uma dança.

Ao ser solicitada a falar daquela figura forte, Ione, neta de Vó Maria, também não deixa de sorrir, exibindo uma de suas marcas de alegria. Quando os netos chegavam na casa, ela de avental branco logo os levava para a cozinha:

– A comida já estava pronta, bastava esquentar. A Vó Maria era gordinha, baixinha, falava pouco, mas tratava a gente muito bem.

A jovem Jandira caminha pelo centro de Juiz de Fora

A família também morou uns tempos em cômodos no quintal de Vó Cândida, sogra de Jandira. Foi lá, no bairro São Mateus, que os irmãos mais velhos de Vilma nasceram. Os buracos da parede de madeira eram forrados com revistas. Depois mudaram-se para uma casa de andares no bairro Serrinha. Nesse sobrado, também funcionava uma vendinha da família que tinha de um tudo, além de um cantinho pra se tomar cachaça com tira-gosto. Os donos eram o próprio Anízio, pai de Vilma, e o lendário compositor Monsueto. Mudaram ainda mais duas vezes, a primeira para o bairro de Teixeiras e a segunda pro Conjunto JK, no bairro de Lourdes. Nesses anos conviveram com as pragas que assolavam principalmente a parte mais pobre da cidade: pulga, percevejo, bicho de pé, berne e piolho infestavam as camas.

– A gente dormia em colchões de palha de milho ou de folha seca de bananeira, feitos pela Vó Maria. Todo dia eram botados ao sol pra matar os bichos; e também pra secá-los porque havia muitas crianças em casa mijando na cama e que continuavam fazendo isso até em "idade grande". Contudo, os colchões eram gostosos e macios. Assim, graças à habilidade da Vó Maria, não precisávamos pagar caro por eles – lembra Vilma.

A casinha de estuque, improvisada, era feita de barro e cipó, tal qual uma tapera, com o chão também de barro. Quando chovia, todos ficavam enlameados. A cama era de pau fincado no chão.

– Com as pontas da palha picando a gente, você não se lembra, minha querida sobrinha? – pergunta pra Vilma outra tia, a Glorinha.

Mesmo tendo passado o que passou, Glorinha gostava muito de Juiz de Fora e da beleza natural daquele lugar cravado na Zona da Mata mineira. Só carregava uma mágoa dessa época: não saber quem foi seu pai.

– Eu sou revoltada, sou uma pessoa triste, não gosto de me comunicar com ninguém. Não sei se é egoísmo de minha parte, acho que não. Eu, muito nova, fui jogada no mundo. Não sei quem é meu pai, tenho revolta. Não sei o nome dele, não o conheci. Você sabe o que é tirar um documento e, quando lhe perguntam o nome do pai, você bota pontinho, pontinho, pontinho? Eu tenho mágoa.

◊

Dos dez filhos da Vó Maria – oito nascidos em Lima Duarte e dois em Juiz de Fora –, quatro se mudaram para o Rio de Janeiro: Carminha, Ercília, Chiquinha e Glorinha, todas para trabalhar como empregada doméstica. Outra filha, Jandira, permaneceu em Juiz de Fora e fez história na cidade. Por sua pioneira atuação local em defesa dos direitos das mulheres, recebeu homenagem póstuma. Em outubro de 2020, o prefeito Antônio Almas sancionou lei aprovada pela Câmara Municipal dando o nome desta filha de Maria Antonia à unidade central de um órgão assistencial da prefeitura, o CREAS: "Centro de Referência Especializado de Assistência Social Jandira Antonia da Silveira".

– Começamos nos reunindo no Salão São Vicente, no bairro Costa Carvalho – diz Vania Maria de Oliveira Salgado ao lembrar de quando passou a acompanhar Jandira nas primeiras ações do movimento feminista juizforano, em meados dos anos 1980. Médicos e advogados eram chamados pra fazer palestras sobre temas que as preocupavam, como a saúde feminina e a violência doméstica. Vania conta que nas primeiras reuniões "não veio ninguém, mas não desistimos." Esses assuntos não atraíam público nem apoio porque eram tabus, explica o parecer dos vereadores àquele projeto de lei.

Parte final do rascunho de texto de Jandira saudando Congresso da Mulher de Juiz de Fora

Dona Jandira, como se tornou conhecida, perseverou no bom combate, reivindicou proteção especialmente às mulheres negras e no final da década de 1980 ajudou a fundar a Associação da Mulher Juizforana, da qual foi vice-presidente e presidente por três mandatos até falecer, em 1992. Seu ativismo ao lado de outras mulheres, como a delegada de polícia Sônia Parma, teve resultado decisivo para a criação da Delegacia da Mulher em Juiz de Fora, fato reconhecido por essa unidade policial que homenageou Dona Jandira quando se completaram 20 anos de sua fundação, em 2006. "Nós, mulheres, queremos ser amadas e não violentadas", escrevera ela ainda nos anos 1980 em artigo publicado num jornalzinho local do Grupo de Estudos Afro-Brasileiro Acotirene (Geab'a).

Homenagem à memória de Jandira por seu pioneirismo

Na geração seguinte a de Jandira e Carminha, dos onze netos de Maria Antonia, quatro migraram para o Rio de Janeiro: Vanda Lucia da Silveira foi a primeira, começou como empregada doméstica e depois trabalhou como cobradora de ônibus, profissão em que se aposentou. Vilma foi a segunda filha de Jandira a partir, em 1969, quando tinha 21 anos, em busca do sonho de ser cantora. Posteriormente seguiu o mesmo caminho seu irmão Aloisio Lucio da Silveira, o Pelé, que era serralheiro e saiu da cidade natal já com emprego acertado na Petrobras; e por último mudou-se Valéria, a Fió, que conseguiu emprego como vendedora das Lojas Americanas na Avenida Nossa Senhora de Copacabana.

Assim, os tempos da Juiz de Fora de Vó Maria iluminam a memória e aquecem o coração não só das filhas, mas igualmente das netas. Um convívio intenso de gerações que se dava na casa da família. Filha de Jandira e Anízio, Vilma Nascimento tem muitas lembranças daqueles anos 1950 na Manchester Mineira. Era uma cidade cheia de quartéis, respirava ordem, mas tinha seus encantos.

– Lá em casa também havia disciplina. Minha mãe Jandira recebeu da Vó Maria o ensinamento prático de que uma casa precisa de organização, caso contrário degringola, ainda mais sendo a família numerosa.

Bodas de prata de Anizio e Jandira, presentes os filhos, as mães do casal (Maria Antonia à esq. e Maria Cândida à dir.) e mais Alcides e Nair (irmãos de Jandira) na ponta direita intermediados por irmã de Anizio, a "Sação".

Anízio e Jandira com o filho Aloisio, início dos anos 1950

Os afazeres diários eram distribuídos entre os doze descendentes de Jandira, os mais velhos cuidando dos mais novos. E pairava no ar um respeito com os tios e avós. A primeira coisa a fazer era pedir a bênção: beijava-se a mão. Também se ouvia com atenção o que os mais velhos diziam – e ninguém falava palavrão.

– Numa cidade pequena, todas as pessoas se conhecem. Qualquer coisa que você fizesse na rua alguém via, então não dava pra sair da linha. Alguns adultos eram mais durões, como o tio Augusto, irmão do meu pai, dono da sapataria Lucio no bairro de São Mateus. Se chegássemos na porta da sapataria e, distraídos, não pedíssemos a bênção, ele de pronto nos perguntava, ríspido e rude: "Não vai tomar a bênção, não?"

Mas o tio era uma exceção de severidade. Os demais parentes adultos davam um dinheirinho, uma balinha, e a criançada ia embora feliz. Quanto às obrigações, se saísse à noite, tinha que voltar antes das dez horas.

– Antes das dez mesmo, e nós chegávamos na hora. Naquela época, em Juiz de Fora, as pessoas não saíam de casa à noite, quando a rua era só pra guarda noturno, mas podíamos permanecer na frente da casa, ou nas proximidades, à vista dos pais.

Durante os dias úteis, ninguém ficava ocioso, desde os mais novos. As tias eram muito trabalhadeiras, alegres, festeiras e adoradas.

– Na época se vivia bem com pouco dinheiro, porque a cidade não atraía para o consumo. Se fazia de tudo a pé, ônibus só na volta das compras, por causa do peso.

A condição de negros não facilitava a obtenção de um bom emprego, não tendo vez como atendentes e vendedores nas lojas do comércio. De toda forma, numa cidade conhecida pela fama industrial, era possível conseguir algum trabalho para fugir da miséria. As possibilidades se davam em malharias, em laboratório farmacêutico fazendo embalagens, nos laticínios, nas fábricas de alimentos – a de guaraná, a de macarrão, a de biscoito e produção caseira de goiabada cascão.

– Não era qualquer um que ia pra fábrica, precisava de boa aparência e saúde. Nós tínhamos a felicidade de possuir bons dentes. Às vezes também podíamos contar com a recomendação de uma pessoa.

Seu Anízio Lucio da Silveira, pai de Vilma, era empregado da Fábrica de Cobertores São Vicente. Numa economia nacional que começava a se modernizar, não era raro que negócios locais fechassem parcerias com empresas e cooperativas, hábeis em embalar até mesmo o ganha-pão do funcionário em troca do fascínio de novidades consumistas do primeiro mundo. Foi assim que os trabalhadores passaram a ter acesso a enlatados de toda sorte jamais vistos pelas famílias dos operários, de salsichas a apresuntados. Tinham a benesse de adquiri-los sem precisar desembolsar na hora, com módicos descontos na folha de pagamento mensal. Foi uma euforia na casa de Vilma e irmãos, que nunca se saciavam pelo produto agora tão facilmente disponível. O salário de Seu Anízio, no entanto, era cada vez mais abocanhado pela estratégia empresarial. Abatido, o chefe de família deu um basta naquela ideia duvidosa. Foram-se os enlatados, agora vistos só nos filmes americanos, mas ficou uma dívida a ser ruminada meses a fio.

Elegância era algo que Seu Anízio prezava. Aos sábados, gostava de dançar e frequentava duas casas de baile de gafieira, chamadas Sapateiro e Fogão. O salão de uma delas se situava no andar de cima de um prédio no Largo do Riachuelo (hoje chamado de Praça da Estação, próximo ao Cine Excelsior). Nessa área do centro de Juiz de Fora, os pretos pobres usufruíam de algum lazer em espaços públicos e privados. Iam aos bailes na Rua Marechal e frequentavam também a Rua Vitorino Braga – locais onde podiam permanecer sem se indispor com as racistas ordens vigentes. Mas à noite deveriam se recolher.

Era nos bairros que a vida transcorria com tranquilidade e, além do mais, havia as festas. Seu Anízio engomava e passava o terno de linho branco, com um chapéu compondo o visual. Para deixar o calçado bem lustrado, aplicava conhecimentos adquiridos da época de sapateiro, ofício de muitos parentes dele, a exemplo do irmão Augusto. Anízio largou esse trabalho e foi pra fábrica. Mas em horas vagas, nos fundos de casa, seguia consertando sapatos de moradores do bairro pra ganhar um dinheiro extra. No domingo, a prioridade era o futebol.

Para as meninas, as lojas de tecido tinham panos bons e baratos e havia costureiras na vizinhança. Já os penteados eram feitos em casa, com bobs dando a forma após a "fritura" da carapinha com ferro quente para alisá-la – tudo muito caprichado, porém desconfortável e às vezes dolorido, quando o ferro por descuido encostava na pele ou a vaselina usada para amaciar o cabelo escorria queimando o pescoço. A vaidade elas puxavam não apenas de Vó Maria, mas de Zé Narcizo, com seu cabelo de onda dos tempos de Lima Duarte.

– Nós temos a quem puxar mesmo, porque lá em casa todo mundo gostava de andar arrumadinho, de ter uma boa aparência. A Vó Maria dizia pra gente desde pequeno: "Do pretinho bonitinho, limpinho e cheirosinho todo mundo gosta, todo mundo quer".

Se o assunto era alimentação, verduras e frutas fresquinhas também faziam parte daquele cotidiano. Quando moravam no Conjunto JK, um dos filhos de Jandira e Anízio saía toda semana com duas sacolas pra buscar verduras e frutas na casa da Vó Cândida. Às quartas era montada uma feira na Rua Manoel Bernardino, onde residia a avó paterna, no bairro de São Mateus, situado não muito longe.

– Ela comprava mais barato no final da feira, nada estragado, era tudo bom, separava e reservava uma parte pra família do filho Anízio. Nos deliciávamos com boa comida e a mãe cuidava para que fosse saudável.

Dos tempos do bairro Teixeiras, Vilma se recorda que havia uma chácara com água nascente, de propriedade de uma família de negros que abastecia o bairro.

– Laranja, banana, legumes era tudo muito fresquinho, sem agrotóxico. Com pouco dinheiro a gente se alimentava bem.

Para as refeições, o angu, o feijão e a couve não podiam faltar em hipótese alguma. O fubá puro da roça comprado no Seu Mouad, o Turco, garantia a excelente qualidade do angu. Pela manhã em casa tomavam café das marcas Apollo e Câmara – Juiz de Fora era a cidade do café. Mas Vilma e outros irmãos não gostavam, tendo um bule com chá de alfavaca sempre reservado. Uma família de fazendeiros entregava o queijo semanalmente na porta das casas. O almoço ficava pronto obrigatoriamente ao meio-dia, porque cada filho ou estudava ou trabalhava.

Vilma também foi operária na fábrica de cobertor São Vicente e ainda adolescente trabalhou na catação de café – "a esteira passando e as pessoas catando". Da mesma forma que outras meninas do bairro, ela podia assim levar um dinheirinho pra casa. As necessidades externas eram pequenas e quem não tinha emprego fazia bicos, além de contar com a ajuda dos demais. Havia trocas e doações de alimentos (quase todo mundo possuía uma horta em casa). E também era possível acessar mercadorias mais baratas, a exemplo do esquema criado por uma fábrica de alimentos que fornecia o macarrão quebrado durante o processamento.

– A fábrica Saggioro ficava no caminho de casa e os moradores da área adquiriam ali o produto. A gente fazia sopa de macarrão com caldo de feijão, bom demais.

Existia muita pobreza em bairros afastados, mas não se presenciavam pessoas em miséria extrema ou morando na rua. Os mais necessitados iam com carrinho de mão de porta em porta, ganhavam pão dormido, pegavam papelão, garrafa vazia, jornais e revistas pra vender. E existia um costume na cidade que mesmo hoje ainda perdura: em vez de jogar fora, os donos de quitanda e açougue davam a sobra de alimentos perecíveis para quem quisesse, já deixando em caixotes para as pessoas se servirem.

– Lembro que os açougues separavam a carne tirada dos ossos, mais os pedaços de carne não vendida, e ia tudo pra doação. No fim do dia entregavam os alimentos às pessoas que aguardavam segurando um embornal feito com pano de saco de farinha.

Em casa, apesar do pouco poder aquisitivo da família, os Nascimento viviam com fartura de comida, não só para atender a família numerosa, mas também outros parentes e amigos. Era de praxe aparecerem mais bocas pra comer. Dona Jandira era de agregar pessoas e Anízio liderava um time de futebol que se concentrava no quintal.

– Às vezes até dormiam lá, minha mãe lavava as roupas do time, muita gente frequentava a casa e todos saíam satisfeitos.

Depois que a família se mudou para o Conjunto JK, aos domingos Anízio fazia a feira da estação de trem e a pequena Vilma ia com ele. Assim aprendia regras e estratégias pra se virar bem ali: aprendeu a comprar carne em açougue, que tipo de peça adequada para bife ou carne assada. E não podia esquecer de levar o osso com tutano para a mãe Jandira preparar a sopa com o fubá de milho da roça do Seu Mouad.

– Era um bom prato de inverno que valia pra qualquer estação, em Minas faz frio à noite. A Dona Jandira acrescentava alho, às vezes um pouco de couve e por último um ovo por cima, ficava uma delícia.

SOLTO A VOZ NAS ESTRADAS, JÁ NÃO QUERO PARAR

Vendedor de sonhos

tenho a profissão viajante

de caixeiro que traz na bagagem

repertório de vida e canções

(*O Vendedor de Sonhos*, de Milton
Nascimento e Fernando Brant)

Juiz de Fora, final da década de 1950. A menina Vilma Lucia da Silveira ensaia sua apresentação num concurso de calouros para crianças, do programa de auditório da Rádio PRB-3, animado pelo Tio Teteco, famoso na região. Depois de decorar a letra da canção que escolhera, agora dá palpites enquanto o pianista trabalha no arranjo. Apesar da pouca idade, já aprendera com a mãe Jandira e com a avó Maria que, para um projeto dar certo, carecia pensar nos mínimos detalhes e prepará-lo sem alarde.

Enquanto o menino Milton Nascimento se iniciava profissionalmente na música em Três Pontas com seus primeiros grupos vocais, como o Luar de Prata, na cidade da Zona da Mata a prima também começava a mostrar talento, com direito a prêmios, além de grande interesse por aquele universo do entretenimento, com breves incursões ao Rio de Janeiro, mesmo sem ter idade para tal. Mas a própria Juiz de Fora era uma cidade estimulante naqueles tempos. Ainda que com espaços elitistas, oferecia uma vida cultural pulsante em bailes, carnavais, boates, grupos, concursos – tudo propagado e estimulado pelas ondas sonoras.

Pela proximidade com o Rio de Janeiro, a cidade mineira recebia influência direta da capital da República. A Rádio Nacional, de César de Alencar e Manoel Barcelos, era muito ouvida pelos juizforanos, que também não deixavam de sintonizar as emissoras locais. A PRB-3 levava ao ar um programa de auditório com plateia, semelhante aos do Rio. Animado pelo Tio Teteco, a transmissão acontecia aos domingos de manhã no Cine-Theatro Central. Primeiro, era o concurso de calouros para crianças e, depois, se apresentavam os cantores profissionais, as atrações principais – o mesmo modelo da Rádio Nacional.

Com grande audiência, o programa tinha entre as maiores atrações os cantores Cicilinha e Amauri Damasceno. Mas o mais famoso cantor desse *cast* teve destino trágico: Gui Del Duca decidiu buscar o sucesso nacional no Rio de Janeiro, onde acertou de gravar o primeiro disco, no entanto perdeu a vida na estrada num acidente de carro.

Mas o programa, chamado *A Hora da Gurizada*, era só alegria. Para as crianças que iam ao auditório, o momento mais esperado era um passeio de ônibus pela cidade organizado pela produção.

– Fui lá várias vezes, eu e minha irmã Vanda. Foi a Vanda quem começou primeiro a cantar nas rádios, e ela me arrastava. Depois também passei a participar do concurso de calouros.

O momento de glória da menina Vilma aconteceu quando teve de se esticar toda, mesmo sendo alta, pra alcançar o microfone. Valeu o esforço. Agindo dessa maneira chegou a conquistar prêmio em outra competição em que também concorreu como cantora. Isso foi numa das inaugurações de lojas em Juiz de Fora, que eram precedidas por eventos em cada bairro. Com papel central na vida das pessoas naquela época, o rádio anunciava onde o caminhão da loja, munido de alto-falantes, iria estacionar para as brincadeiras e jogos. Tais promoções pareciam com a chegada de um circo, agitavam a cidade, comparecendo uma multidão.

– Quando o rádio avisou que o caminhão viria ao nosso bairro, eu e minha irmã Vanda nos inscrevemos no concurso de calouros. E fui a vencedora. Ganhei uma panela, que passei pra minha mãe.

Vilma também se sagrou campeã em concurso da recém-inaugurada TV Industrial, no Morro do Cristo, cantando a música *Sabor a mi*. O prêmio desta vez foi uma bicicletinha.

– Escondemos em casa pra dar no Natal a meu irmão mais novo, o Adriano. Ele ficou muito feliz com o presente.

No concurso de calouros do Tio Teteco, Vilma queria homenagear Dona Jandira, aproveitando que o programa dominical cairia no Dia das Mães. E elegeu pra cantar uma valsa que vinha tocando muito no rádio, na voz de Ângela Maria: *Rainha do Lar*, de autoria de David Nasser e Herivelto Martins. Muito afinada, foi bastante aplaudida pela plateia do Cine-Theatro Central. *"Ela é a dona de tudo,/ Ela é a rainha do lar,/ Ela vale mais pra mim/ Que o céu, que a terra, que o mar…"*. Quando terminou de cantar, o apresentador comentou com entusiasmo: "Vocês em casa não puderam ver, mas a menina cantou a música inteirinha na ponta dos pés pra alcançar o microfone!"

– Depois, quando voltei pra casa, as pessoas do bairro me abordavam na rua, os vizinhos comentavam. Minha apresentação teve muita repercussão – lembra Vilma.

A altura da menina a fazia parecer mais velha – e ela tirava vantagens disso. Com 14, 15 anos entrava em cinema que estivesse exibindo filme proibido pra menores de 18. Sem nenhum problema também pegava o trem na estação de Juiz de Fora, às seis da manhã, e ia pro Rio sozinha ver de perto aqueles programas de auditório que gostava tanto de ouvir em casa por influência da mãe Jandira. A Rádio Nacional trazia o brilho dos cantores Cauby Peixoto, Ângela Maria, Marlene, Emilinha, Orlando Dias, Carlos Galhardo, João Dias, Sílvio Caldas, dentre outros. A família toda curtia, incluindo seu Anízio.

– E, como eu e minha irmã Vanda participávamos, no palco e na plateia, dos programas da PRB-3, me sentia inserida nesse clima de corpo e alma. Daí a motivação pra ir ao Rio, e ia sozinha. Sempre fui independente, se não você não faz as coisas.

Vilma chegava à Central do Brasil, pegava um ônibus pra Praça Mauá e já entrava na fila para o auditório da Rádio Nacional. No final, ainda dava tempo de seguir a pé, como muitos fãs o faziam, para acompanhar o encerramento de outro programa, na Rádio Mayrink Veiga, que era ali perto. Depois de um lanche, nova condução, desta vez para um passeio por Copacabana antes de voltar para Juiz de Fora no mesmo dia. Essa era a programação de um domingo no Rio. Às vezes ela passava o sábado lá só pra ir ao auditório da TV Rio e ver o programa *Hoje é Dia de Rock,* do radialista e apresentador de TV Jair de Taumaturgo. O local também era propício para pegar autógrafos dos artistas e fazer amizades.

– Terminado o programa, eu não ia pra nenhum outro lugar, nem podia fazer nada de errado, tinha que voltar virgem pra casa. Comportadinha, pegava o mesmo ônibus até a Central do Brasil e voltava de trem, chegando de noite em casa. Nem sei se minha mãe sabia dessas viagens, eu não pedia ajuda a ninguém. Como trabalhava na fábrica, tinha meu dinheirinho e ainda fazia uns biscates.

Um desses trabalhos era pra Dona Terezinha, uma portuguesa que morava num casarão com vários quartos e um amplo quintal, onde ajudava a lavar a roupa da família – eram sete filhas muito bonitas e um garoto de 4 anos. No quintal havia uma bica e a roupa era esfregada numa tina grande de madeira. Terminado o trabalho, Vilma atravessava a rua e ia à venda do Seu Mouad comprar o bom fubá da roça que levava pra casa. Às vezes no fim de semana a patroa a chamava pra passar cera nos pisos e escovão pra dar o brilho, o que ela fazia em outras residências também. Era com a remuneração por esses serviços que ia pro Rio.

Dessas viagens rápidas foi se desenhando um sonho na cabecinha adolescente: o de morar no Rio de Janeiro. Muita gente estava deixando Juiz de Fora naqueles anos 1960 com o mesmo destino – a maioria jovens querendo crescer, se desenvolver. A cidade tivera papel decisivo no golpe civil-militar de 1964, com as tropas do general Olímpio Mourão Filho, comandante da 4ª Região Militar, rumando para a capital no dia 31 de março. Nos anos seguintes, a barra começou a pesar no país e a desconfiança grassava em diversos círculos sociais, sobretudo num ambiente militarizado como aquele. Mas a metrópole, apesar de sentir o baque da ditadura, parecia cada vez mais atraente.

Os mais ricos saíam da cidade mineira para aperfeiçoar os estudos; os mais pobres, para buscar melhores condições de trabalho. Vilma, porém, só poderia fazer o mesmo depois de completar 21 anos, quando a maioridade iria vigorar de fato. A educação era muito rígida e vigiada. Só podia perder a virgindade depois de casada. Começo de namoro havia de ser no portão. Depois de muita investigação sobre o rapaz e a procedência da família do candidato é que a mãe avaliava dar consentimento para namorar na sala.

– A Vera, minha irmã mais velha, levava o namorado pra casa. A Vanda, outra irmã, não namorava e eu também não quis saber. Quando afinal me tornei maior de idade, bolei um plano de retirada.

Foi o seguinte: uma vizinha muito amiga, Dona Valderez Ramos, era madrinha do irmão Adriano e uma vez por ano ia ao Rio de Janeiro visitar a mãe. Daquela vez, Vilma a procurou antes da viagem e comunicou o desejo de ir junto.

– E combinei pra dizer à minha mãe que Dona Valderez precisava de mim pra ajudar a cuidar das crianças dela nessa ida ao Rio. No meu íntimo já estava certo que eu não voltaria com a nossa vizinha, a viagem era de mudança.

No final da adolescência de Vilma, Juiz de Fora tinha mudado não só na política, mas a economia também declinava: já não era mais a Manchester Mineira do tempo da avó Maria em sua pujança industrial: as grandes fábricas haviam fechado. O município estava agora em fase de transição, em busca de um novo rumo, tentando se adequar às demandas de uma modernidade nos trópicos. Enquanto isso, a Cidade Maravilhosa, ali pertinho, vinha encantando gerações seguidas de juizforanos, a ponto de serem apelidados pelos demais mineiros, especialmente seus grandes rivais da capital Belo Horizonte, de "cariocas do brejo".

– Já mocinha, eu via tudo se acabando em Juiz de Fora, fábricas não havia mais, nem programas de auditório nas rádios locais. A cidade não estava mais com aquela aura, a efervescência agora era no Rio de Janeiro.

O sonho de uma vida mais digna e pulsante trazia ecos de familiares que trocaram a área rural da Zona da Mata mineira pelo meio urbano de Juiz de Fora na primeira metade do século 20. Uma sina que atiçava as novas gerações a também darem um passo a frente, deixando a vida relativamente pacata e restrita daquela bela e aconchegante cidade do interior para se aventurarem na agitação da metrópole litorânea.

– Não havia mais espaço pra gente, eu sentia uma necessidade de mudança, sair do lugar, pra melhorar de vida mesmo, coisa que a minha cidade já não estava me dando. Mas só sai quem tem determinação.

Décadas depois das tias Carminha e Ercília, a sobrinha fez a mesma travessia de cerca de 200 quilômetros. Vilma chegou de mudança ao Rio de Janeiro logo depois do carnaval de 1969, ainda encontrando restos de fantasias e de decoração da folia pelas ruas. Passou os três primeiros meses no ótimo bairro da Vila da Penha, à rua Arthur Imbassaí, na casa de Dona Celina Leonel Ramos, mãe de Valderez, a vizinha de Juiz de Fora com quem tramara a viagem. Em seguida rumou para a casa da irmã Vanda, que já vivia no Rio, na Rua do Resende, perto dos Arcos da Lapa. Através dela conseguiu um trabalho de montagem de roupas para um casal em Ipanema.

– Assim ganhava o meu dinheiro, e estando ali na Zona Sul ia a shows e programas de auditório junto com a Vanda, que já vivia nesse meio.

É nesse momento que se aproxima mais do primo Bituca, algo que também lhe abriu a novas amizades e convívio com mineiros que estavam sempre pelo Rio – era a turma do Clube da Esquina, com Wagner Tiso, Beto Guedes, Toninho Horta e companhia. Num momento de reinvenção artística com a MPB, aquela juventude talentosa dava ainda mais incentivo e iluminava caminhos para o sonho de artista se tornar realidade.

Nas idas ao auditório da TV Rio, conheceu uma conterrânea que era secretária da cantora Rosemary, passando a ter contato com outros artistas. Decidida a dar consistência ao trabalho de cantora que amadurecia desde Juiz de Fora, começou a fazer shows no Rio com outros intérpretes. Ao longo de uma década, colecionou amizades que se estendiam para além dos palcos, a exemplo de Luiz Melodia. Também excursionou com Gilberto Gil e participou de shows com Antônio Adolfo e com o próprio Melodia.

Em 1980, Vilma Nascimento registrou em disco uma carreira que já era realidade, com o LP *Conquistado*, trazendo arranjos de Wagner Tiso e uma constelação de amigos e artistas na ficha técnica. Em um jornal de Juiz de Fora de 10 de agosto daquele ano, é possível ler[22] artigo de Aramis Millarch com o título "Canto Negro", que sintetiza bem o contexto daquele trabalho:

De Juiz de Fora, prima-irmã de Milton Nascimento, sobrinha distante de Monsueto, [Vilma Nascimento] sempre transou com facilidade com o canto e a música. Aos 6 anos já fazia programa de calouro, de brincadeira, com duas irmãs, mas um dia foi no programa do Tio Teteco, da PRB-3, de Juiz de Fora. E a partir dali não parou mais. Há 11 anos no Rio, estudou canto com a professora Clarice Stukart, integrou o grupo Opinião (com João do Vale/Paulo Guimarães) no show Se eu tivesse meu mundo, e depois de viajar a Salvador e Recife, ficou três anos em São Paulo, onde dividiu shows com vários artistas, especialmente Luiz Melodia (seu grande amigo e a quem dedica seu LP) e Gilberto Gil (com quem excursionou pelo Brasil). Em 1978, no Rio, participou com Antônio Adolfo da série Seis e Meia Noite e, em 1979, da Série Meia Noite, tendo ainda feito shows com Melodia. Até que pelas mãos de Durval Ferreira, acabou conseguindo fazer seu primeiro Lp, Conquistado, na Top Tape, que o lança agora. Arranjos de Wagner Tiso, Perinho Sant'Ana e George Leibovitz valorizam as dez faixas: De Panelas e Canelas, música que o primo Milton lhe dedicou (letra de Fernando Brant); Paraíso, recriação de uma composição de Sílvio Silva[23]; Era Nova, de Gilberto Gil; Labaredas, de Gerson Lopes; Lamento Africano, adaptação de Gil de um tema afro; Nancy "Porta-Bandeira", de Sueli Costa/João Medeiros Filho; No "Vai-da-Valsa", de Nelson Angelo/Cacaso; Big Black Mania, de Luciana Morais, filha do inesquecível Vinicius. Enfim, um repertório marcante para a estreia de uma importante cantora.

O trabalho solo espelha a influência da musicalidade ímpar do primo. Nos longos anos em que morou no Rio, Vilma se

---

22 Disponível on-line no site "Tabloide Digital".

23 A canção, que tem como nome original *Paraíso do Amor*, é na verdade uma composição de Carlos Palmeira e Nelson Silva, gravada por Sílvio Silva em 1959.

diz privilegiada pelas tantas oportunidades de estar ao lado do Milton – saíam juntos, divertiam-se. Naquele convívio, vez por outra ele fazia questão de demonstrar o carinho que tem pela prima.

– Gostava muito quando ele chegava pra me contar seus segredinhos.

Bituca fazia convites de surpresa para a prima e confidente, como na vez que a chamou para irem a Belo Horizonte, sem nem saber ao certo o que fariam lá. Pegaram um trem na antiga estação do Rio de Janeiro e passaram a viagem conversando.

– São momentos só nossos que guardo com afeto. Como quando ele me apresenta às pessoas: "Esta é a prima Vilma". Ou, então, fazendo desafio: "Quem você acha que ela é? Ela parece comigo?".

A amizade entre os primos só se fortalecia, visível no convívio da noite carioca, em viagens e naquele momento único em que os Nascimento se reuniram para uma feijoada em torno da matriarca, em 1972, em Juiz de Fora. Poucos anos depois, uma foto em Três Pontas registra a ótima relação entre as famílias biológica e adotiva de Bituca. Na sala de estar, Lília recebe Maria Antonia, ambas com o mesmo modelo de sapato, que compraram num passeio pela cidade mineira. No mesmo sofá, Vilma tem no colo a filha mais nova dos Campos, Jaceline, a Jajá. No canto da imagem, uma sacola da Casa da Banha era a mala da viagem já pronta para as visitas retornarem a Juiz de Fora.

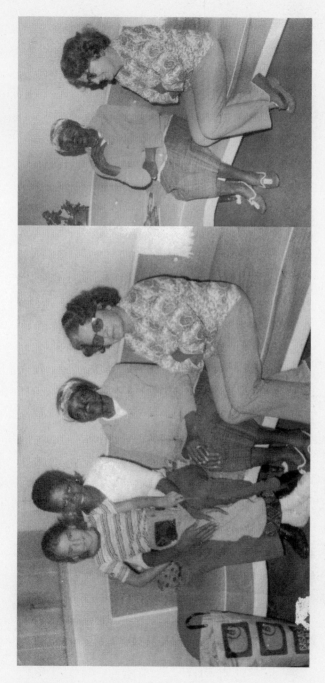

Parentes biológicos e adotivos de Milton aparecem na foto maior, evidenciando uma história de respeito e intimidade construída até ali. Da esquerda para a direita, a prima de sangue Vilma, que tem no colo Jaceline, irmã adotiva dele; Maria Antonia, avó biológica; e Lília, a mãe que o criou. Ambas as imagens foram registradas por Josino Campos, marido de Lília.

Certa vez, lá pelos idos de 1975, Vilma foi fazer uma visita a Milton na Travessa Angrense, onde este morava. Depois saíram caminhando pela Avenida Nossa Senhora de Copacabana, ela encantada e orgulhosa em sua juventude de ter um primo famoso e de estarem ali andando de prosa descontraidamente. Conversa vem, conversa vai, Bituca vira e diz a ela: "Se não fosse a família que me criou, eu não seria o que sou hoje".

Bituca em Juiz de Fora é observado por Vilma e pelo artista plástico Ronaldo Couri

Por outro lado, era impossível também não ver e ouvir a história dos Nascimento saídos de Lima Duarte ecoando na obra de Milton, ainda que não de forma consciente e deliberada. Vilma teve um lampejo desse brilho forte e ancestral quando assistiu impressionada pela primeira vez ao balé *Ma-*

ria, Maria, do Grupo Corpo, de Belo Horizonte, com trilha composta por Milton e Fernando Brant. O espetáculo estreou em 1976 e ela o reviu outras tantas vezes no período em que esteve em cartaz no Rio de Janeiro.

– Me marcou profundamente. Via acontecendo ali no palco as mesmas histórias da Vó Maria, das minhas tias, irmãs e primas, era tudo igual, até os lindos movimentos das dançarinas lavando roupa, cozinhando, limpando o chão. E tudo aquilo tendo ao fundo, como trilha sonora, a música e a voz do Bituca! É maravilhoso o poético texto do Fernando Brant que o Milton declamava no início do espetáculo, tem tudo a ver com a gente, com a nossa família!

O texto escrito por Brant e recitado por Bituca fala de uma Maria que lavava roupa às margens do Jequitinhonha, no contexto da obra criada pela dupla. Porém, ao mesmo tempo, essa parece ser uma Maria íntima e cara a tantos brasileiros, sobretudo os de pele mais escura, numa luta diária por dignidade contra as injustiças do mundo, sem jamais perder a esperança. Não deixa de ser, portanto, um retrato da Vó Maria Antonia.

Maria, Maria, um simples nome de mulher
Corpo negro de macios segredos, olhos vivos
Farejando a noite, braços fortes trabalhando o dia.
Memória da longa desventura da raça,
Intuição física da justiça.
Alegria, tristeza, solidariedade e solidão.
Uma pessoa que aprendeu vivendo
E nos deixou a verdadeira sabedoria:
A dos humildes, dos sofridos,
Dos que têm o coração maior que o mundo.
Maria, Maria nasceu num leito qualquer de madeira.
Infância incomum, pois nem bem ela andava, falava e sentia e

Já suas mãos ganhavam os primeiros calos de trabalho precoce.
Infância de roupa rasgada e remendada, de corpo limpo
e sorriso bem aberto. Infância sem brinquedos,
mas cheia de jogos aprendidos com as velhas
que lavavam roupas nas margens do Jequitinhonha.
Infância que acabou cedo, pois já aos 14 anos,
como é normal na região, ela já estava casada.
Do casamento ela se lembra pouco,
Ou não quer muito se lembrar.
Homem estranho aquele a lhe dar
Balas e doces em troca de cada filho.
Casamento que em seis anos,
seis filhos lhe concedeu.
Os filhos se amontoavam nos quatro cantos da casa.
Enquanto ela estendia a roupa na beira dos trilhos,
os seis meninos sentados brincavam na terra fofa.
Os seus olhinhos de espanto não entendiam nada.
De repente, notícia vinda dos trilhos.
Maria Maria era viúva.
Pela primeira vez a morte entrava em sua vida
E vinha em forma de alívio. E de retalho em retalho
Maria se definiu: solitária, operária e brincalhona.
Ela pode ao mesmo tempo
Ser Maria e ser exemplo de gente
Que trabalhando em todas as horas do dia,
Conserva em seu semblante
Toda pura alegria, de gente que vai sofrendo
E quanto mais sofre, mais sabe.
(Maria, Maria – texto de Fernando Brant)

Com filhas e netos morando no Rio de Janeiro, Dona Maria Antonia costumava perguntar pelo "Mirto" – era assim que pronunciava o nome dele. Vilma, que desde pequena vivia agarrada à avó e madrinha, resolveu um dia dar a alegria de levá-la a uma apresentação do neto. Bituca se preparava para cantar no Maracanãzinho. Era janeiro de 1977. Vilma conseguiu ingressos para lugares perto do palco e foi buscar Vó Maria em Juiz de Fora. Já a caminho do show na capital fluminense, as duas se depararam com uma grande confusão no trânsito – era hora do *rush*, com pessoas voltando do trabalho e outras indo para o concerto, num congestionamento que se agravara devido ao alagamento causado por forte chuva ocorrida pela tarde. Afinal, Vilma e Vó Maria chegaram ao ginásio lotado. Depois de acomodadas, a preocupação da neta era com as emoções da avó diante daquele espetáculo. Mas tudo correu com tranquilidade e beleza, com direito a uma participação de Clementina de Jesus, outro nome evocado na canção *Raça*.

– O show foi lindo, apoteótico, fez o Maracanãzinho estremecer, mas o tempo todo minha avó estava sorridente, empolgada, batendo palmas, feliz da vida! – diz Vilma.

A neta ainda se lembra de levar a avó a um ensaio do bloco que frequentava nos carnavais do Rio, o "Charme da Simpatia". Vó Maria gostou muito da experiência, curtindo a folia até as 2 horas da madrugada. Mas nos últimos três anos de vida a saúde da matriarca começou a se agravar devido a complicações da diabetes, chegando a ter uma perna amputada. Certo dia, quando morava na casa da filha Francisca, no bairro de Éden, em São João do Meriti, Baixada Fluminense, precisou de atendimento. Coube a Vilma, a pedido da mãe Jandira, solicitar ajuda a Bituca. Ele não hesitou e juntos foram buscar a avó naquela casa situada em área bem pobre. O neto dirigiu até o posto de saúde mais próximo. Lá chegando, como Vó Maria estava sem condições de subir a escadaria até a entrada, a neta a levou no colo.

Vilma vê o primo Milton como um artista que, com toda generosidade e grandiosidade, conseguiu chegar a um estágio de paz interior e profundidade, algo que resplandece em sua música.

– Como dizia a nossa avó, cada um faz a sua história e o caminho do Bituca é luminoso. Ele nasceu com o dom pra Lua.

Bituca é conhecido na intimidade pelo apreço por bons causos, quando deixa um pouco de lado a famosa timidez. Desde os tempos de Rio de Janeiro, estar a seu lado sempre foi garantia de um bom papo – a seu tempo puxava saborosas histórias de viagens mundo afora, relatava a relação das pessoas com sua música, paixões e lembranças da infância e adolescência.

– São histórias incríveis. Mas não comento nem divido nada com ninguém, é coisa minha. O Milton conta tudo com uma tranquilidade imensa e ouço tudo também com tranquilidade. Sou parecida com ele.

◊

O disco *Conquistado* foi lançado no mesmo ano em que os Nascimento se despediam de Vó Maria, falecida no dia 29 de setembro de 1980. Esse distanciamento de quatro décadas só aprofundou a relação de Vilma com a música popular que estava sendo produzida no Rio naquele momento, com artistas e amigos que marcariam a cultura do Brasil e encantariam o mundo[24]. Da mesma forma, deixou mais bonito o afeto pelo primo Bituca, numa admiração mútua – ainda hoje, quando vai a um show de Milton, ela aguarda a hora em que

---

24 Como definiu Jon Pareles, crítico do jornal "The New York Times", Milton Nascimento se tornaria um "tesouro nacional" ou, como escreveu Caetano Veloso: "A música de Milton é a maior força de presença da música brasileira no mundo depois da bossa de Tom (Jobim) e João (Gilberto)". "O falsete de Milton Nascimento é um dos mais belos sons produzidos pela espécie humana hoje sobre a Terra" (Caetano Veloso, numa das frases da contracapa do CD, de 1993).

ele vai identificá-la na plateia, na garantia da retribuição de um sorriso no palco pelas muitas histórias compartilhadas.

Ao fim da jornada de tantos desafios e recompensas, Vilma busca reforçar cada vez mais as raízes da árvore dos Nascimento, a fim de que tal história familiar não se perca. As idas frequentes a Juiz de Fora seguem alimentando esses laços.

RENASCIMENTOS

As visitas à cidade propiciam um mergulho no passado e presente da família, mas servem também como um bálsamo. A terapia, tal qual um ritual que Vilma faz anualmente, começa antes mesmo da chegada:

– Estando você no Rio de Janeiro e se, por um acaso, começar a se sentir moribundo, sem ar, sem saber o que fazer da vida, pegue a estrada pra Juiz de Fora!

Ao subir a serra em direção a Petrópolis, um relaxamento toma conta do viajante. Lá em cima, o mirante é parada obrigatória, com direito a se deliciar com água potável da bica, contemplando a paisagem a perder de vista. Pronto, agora basta desfrutar do caminho.

– E quando chegar na minha cidade, você já estará sarado. A receita é infalível porque o caminho tem tanta beleza! Bastante verde estrada afora, montanhas – com neblina, se for inverno –, muitas subidas, descidas e curvas, você passa por trechos encantadores. As flores vermelhas nos barrancos e rochas, as águas minando pedras abaixo... É tudo deslumbrante, sou apaixonada por esse caminho!

Após o seguro trajeto, com voo livre para a imaginação, chega-se a uma Juiz de Fora que se abre a tantas lembranças e delícias. Entre as primeiras atividades de Vilma quando coloca os pés ali está comer pastel com guaraná Americana, de fabricação local. Ao olhar as ruas, o pensamento viaja, como no tempo em que pegava o bonde para visitar a avó paterna, Maria Cândida, no bairro São Mateus. O charmoso veículo sobre trilhos infelizmente não mais existe, tendo feito a última viagem em 1969, exatamente no ano em que ela deixava a cidade rumo ao Rio de Janeiro. Mas na Rio Branco, avenida admirável de ponta a ponta, ainda é possível conferir o estado de conservação das belas casas que remontam à Manchester Mineira das primeiras décadas do século 20. Entretanto, em vez de lamentar o que se perdeu, um grande prazer é conferir o que segue pulsando, sendo a maior riqueza de Juiz de Fora: os juizforanos.

– Bom é conversar com o povo, se deliciar com o seu humor e civilidade, e encontrar parentes pelas ruas.

No centro da cidade, confere essa sociabilidade fascinante nos labirintos de galerias, no comércio de rua. Num tradicional shopping, visita a irmã Neca que lá possui um estabelecimento especializado em cortes de cabelo e penteados afro. Impossível não lembrar do pioneirismo de outra irmã, Ivanir. Antes dela ninguém havia introduzido na prática, em Juiz de Fora, o conceito de *"black is beautiful"*, fundando na cidade o primeiro salão de beleza voltado a esse segmento, com o nome de Ilê Aiyê, em homenagem ao bloco afro da Bahia. Em contraponto ao Mister Shopping, voltado à elite, o serviço ofertado no Shopping Santa Cruz ajudou no acolhimento a um público popular no conjunto de lojas inaugurado em 1991.

– O salão foi uma novidade que atraiu a negrada. Eles entravam no shopping de um jeito normal e saíam vistosos com seus cabelos afro, um desfile de negras e negros bonitos – relembra Vilma.

Como atesta jornal da época[25], a técnica, aprendida por Ivanir com uma nigeriana, foi uma janela para ampliar as habilidades num momento de grave recessão econômica. E o negócio prosperou, ajudou a criar os dois filhos, empregou parentes e foi um marco na cidade, promovendo eventos com

---

25 A edição de 24 de janeiro de 1991 do jornal "Tribuna de Minas" trazia a matéria "A estética negra faz a cabeça", assinada por Julio César Coelho no caderno Comportamento.

concurso de beleza negra, o Moda & Cabelo Afro. Atualmente, tanto Neca quanto Ivanir residem em Juiz de Fora.

Neca em frente a seu salão de beleza em shopping de Juiz de Fora, 2019

Saindo do centro, Vilma percorre os bairros por onde circulam vários familiares, como o Santo Antônio, e visita a antiga rua da casa dos pais no bairro JK, reencontrando amigos de infância. Aos poucos, recolhe informações sobre o paradeiro dos Nascimento em Minas e Brasil afora.

A história continua, com bisnetos de Maria Antonia trilhando um caminho de coragem e talento. Exemplo disso são os filhos de Ivanir: o jornalista Carlos Ferreira saiu experiente de Juiz de Fora para ser repórter e apresentador de importantes canais de TV no Rio de Janeiro; sua irmã, a deslumbrante e carismática Regina Maria, foi coroada, em 2000, Rainha do Carnaval de Juiz de Fora e rainha da escola de samba Juventude Imperial (2002) e do bloco Come Quieto (2010). Além de frequentadora assídua de ensaios de agremiações do Rio, onde se integrou a um grupo de dança que fez longas temporadas na Rússia e na Turquia, hoje possui uma equipe especializada em apresentações artísticas, a Regina Samba Show.

Regina, bisneta da Vó Maria, é rainha do carnaval de Juiz de Fora

Mas de todos os lugares de Juiz de Fora, ainda mais que a vista de tirar o fôlego no mirante do Morro do Cristo, um passeio é obrigatório: a feira. Aos domingos, ao longo da Avenida Brasil é possível se entranhar na essência daquela cidade, tal qual Vilma fazia acompanhando o pai quando tinha seus 11, 12 anos. Naquele ponto atrás da antiga estação é possível encontrar de tudo e levar na bagagem queijo, linguiça pura, fubá da roça, cachaça da melhor qualidade, muito afeto, histórias e gargalhadas.

Quem quase religiosamente frequenta a feira da cidade é Adriano – também fruto do galho de Jandira e Anízio – juntamente com seus filhos Adriano Júnior e Pedro. O irmão mais novo parece carregar em si uma síntese dos Nascimento: simpatia, beleza, educação, paixão pela vida social e artística – além do futebol, tem forte vínculo com o carnaval, tendo fundado e frequentado importantes grupos.

◊

Milton, Vilma, Ivanir e a sobrinha Victoria após receber o título de Cidadão Honorário de Juiz de Fora, em 2009

EJuiz de Fora, por fim, cruzou novamente o caminho do próprio Milton Nascimento. Depois de cinco décadas vivendo no Rio de Janeiro, ele também fez o trajeto de volta à cidade, na qual sempre manteve laços de amizades e apoiou causas – sendo padrinho do Cine-Theatro e Cidadão Honorário (2009). Em 2016 passou a residir em meio às montanhas da Zona da Mata. Seja com a família biológica ou adotiva, Rio de Janeiro e Juiz de Fora traçam uma bonita trama de adoção, nascimentos, renascimentos e reencontros na vida de Bituca. Brasil e mundo afora, ele possui mais de cem afilhados, mostrando como o carinho e o amor de amizade (a *philia* grega) constroem e abarcam antigas e novas famílias a cada passo de sua vida.

◊

Na jornada em busca dos Nascimento, Vilma faz por fim o caminho inverso que Carminha, Ercília, Bituca e ela mesma desbravaram no século passado. No Rio de Janeiro, encontra o brilho da família no sorriso largo de duas sobrinhas, as irmãs Ângela e Andréa, esta trabalhando num requisitado salão em Copacabana. Cruzando a Serra de Petrópolis, confere antigas e novas ramificações dos galhos da árvore genealógica de Vó Maria, com frutos espalhados em diferentes bairros de Juiz de Fora. Em cada casa que visita é possível perceber uma nítida melhora das condições de moradia, acesso à educação superior e diversificação de trabalho dos membros da família. Mas igualmente a luta por dignidade de quem traz na pele séculos de opressão ainda se faz necessária, atualizando a importância de redes de solidariedade e formas de resistência – uma delas é a memória.

Angela e Andrea, sobrinhas de Vilma, no Rio de Janeiro, 2019

Nessa busca, por fim Vilma refaz o caminho completo, margeando o Rio Paraibuna até que o Rio do Peixe nos apresente à Lima Duarte da Vó Maria. Na companhia da prima Ione, relembram histórias e contemplam a cidade, com seus simpáticos casarios de alpendre e um pacato comércio local. Num cômodo cuja finalidade comercial está escondida ao fundo, resolvem fazer uma *fezinha* no jogo do bicho – os números escolhidos são os da placa do carro que as levaram pela BR-267, por ideia de Ione.

Ione e Ercília indo a Lima Duarte pela primeira vez desde que deixaram sua terra natal ainda criança

Na sacada do hotel, Ercília olha a rua principal de Lima Duarte

Na praça central, aos 80 anos de idade, Ione parece uma menina, de sorrisos largos, esguia e com movimentos leves. Em frente ao prédio que hoje abriga a prefeitura municipal, ela recorda das tias plantando arroz em Manejo, das brincadeiras naquela praça e do rapaz que, preso na cela exatamente onde hoje fica tal edifício, a cortejava por entre as grades, que davam pra rua.

Vilma e Ione no centro de Lima Duarte, em 2019

Ione, feliz da vida, na segunda visita a Lima Duarte, em 2019

Ao percorrer com os olhos a paisagem montanhosa ao redor de Lima Duarte, deparam-se com o cemitério, visível lá no alto. Ali descansam as famílias que construíram o passado da cidade, dentre as quais não está a de Vó Maria e seus descendentes Nascimento. Estes buscaram plantar suas sementes e sonhos por outros caminhos. Curiosamente, o resultado do jogo do bicho de Ione e Vilma dá exatamente a placa do automóvel – porém em ordem inversa.

Depois de lamentar brevemente não ter feito o jogo com a possibilidade de "milhar invertido", elas soltam uma gargalhada, dão os braços e voltam a caminhar por aquelas ruas onde Vó Maria também transitara antes de se decidir por colocar as pernas no mundo junto aos oito filhos. E elas agora também seguem seus caminhos para Juiz de Fora, Rio de Janeiro, Salvador… – para onde o coração e aquela força que move os Nascimento as mandar.

Lá vem a força, lá vem a magia
Que me incendeia o corpo de alegria
Lá vem a santa maldita euforia
Que me alucina, me joga e me rodopia
[...]
De onde vem essa coisa tão minha
Que me aquece e me faz carinho?
De onde vem essa coisa tão crua
Que me acorda e me põe no meio da rua?
[...]
Todas Marias, Maria Dominga
Atraca Vilma e Tia Ercília
[...]

Maria Antonia

Maria do Carmo

Jandira

Ercília

Vilma

Foto: Mário Luiz Thompson

POSFÁCIO

Milton Nascimento e Juiz de Fora são inseparáveis. Quando celebrou cinquenta anos de música, em 2012, o cantor e compositor escolheu para dar início às comemorações fazer um show "em casa", no Cine-Theatro Central, em Juiz de Fora, num simbólico dia 21 de abril, quando Minas e o Brasil celebram o sonho libertário de Tiradentes e dos inconfidentes. E Juiz de Fora, na ocasião, foi escolhida para essa celebração musical porque marca a vida e a trajetória de Bituca como poucas cidades deste vasto Brasil. E foi na Câmara Municipal de Juiz de Fora que o cantor e compositor teve reconhecido todo seu envolvimento com a cidade ao receber o título de Cidadão Honorário e a Medalha Nelson Silva, em 27 de novembro de 2009. Agradecido e emocionado, Milton sintetizou aquele momento: "Sou de Juiz de Fora desde que nasci". Ao ser homenageado, Bituca foi ovacionado de pé pelos juizforanos e reafirmou seu legado fecundo e viu confirmada a força de sua criação: sua música abre perspectivas para além de seu tempo. Sua obra é eterna.

Além dos fortes laços familiares, desde a década de 1970 Milton coleciona amizades em Juiz de Fora. Quando o médico e músico Márcio Itaboray lançou o livro *Assuntos de Vento*, em 2001, com a presença de Bituca, foram revelados esses laços sobre a trajetória e as amizades de Milton em Juiz de Fora. Laços que ficam consolidados definitivamente. Em maio de 2009, durante um show no Cine-Theatro

Central, Milton afirmou com todas as letras: "Juiz de Fora é onde tenho mais amigos". E seu saudoso parceiro de sempre, Fernando Brant (09/10/1946 – 12/06/2015), também não se cansava de bradar aos quatro ventos: "Em Juiz de Fora, eu sou de dentro".

Na Manchester Mineira, Milton também emprestou seu prestígio artístico para encabeçar lutas importantes pela preservação do patrimônio cultural. Foi de Bituca o slogan "Central, a emoção de todos nós", que marcou as manifestações de amplos setores culturais por preservação, tombamento municipal e federal e aquisição pela Universidade Federal de Juiz de Fora (UFJF) do histórico teatro no coração da cidade. Símbolo da vocação de vanguarda cultural da cidade, o Cine-Theatro Central corria risco e passou a ser o alvo preferencial de uma campanha por artistas plásticos, músicos, atores, diretores teatrais, escritores e jornalistas num movimento que foi vitorioso e mostrou vigor. À voz de Milton em defesa da preservação do Central, se juntaram Tom Jobim, Ney Matogrosso, João Bosco, Sueli Costa, MPB4, Affonso Romano de Sant'Anna, Carlos Bracher, Dnar Rocha, Jorge Arbach, Bibi Ferreira e Rodrigo Pederneiras do Grupo Corpo.

Durante o governo Itamar Franco, tendo à frente do Ministério da Educação (MEC) Murílio Hingel, o Central foi tombado pelo Iphan, adquirido pela UFJF e restaurado na administração municipal de Custódio Mattos. Palco de diversas apresentações antológicas de Milton, desde os tempos do grupo Som Imaginário, o Theatro Central viu ao longo de cinco décadas e meia Bituca revelar uma das músicas mais instigantes e vigorosas das Minas Gerais e ganhar o mundo com seu canto afiado e afinado com seu tempo. Mais carioca dos mineiros, Milton sempre marcou presença no Central para mostrar seus novos trabalhos musicais e sentir a reação do público juizforano. Aqui, Bituca sempre se sente em casa.

E Juiz de Fora sempre soube e sabe muito bem retribuir todo esse carinho e generosidade.

Os parágrafos acima fazem parte do artigo "Milton Nascimento, um cidadão de Juiz de Fora", publicado em 2020. O texto na íntegra está disponível nas redes sociais do autor.

JORGE SANGLARD

Jornalista, pesquisador musical, programador visual e produtor cultural, com atuação principal em Juiz de Fora (MG)

CARTAS DOS COAUTORES

I

Quando Vilma Nascimento, minha companheira, convocou pra ajudá-la a produzir um livro sobre a família dela, vislumbrei a possibilidade de aplicar nesse projeto o melhor que aprendi na prática jornalística e com independência, sem submissão a patrões e chefes de redação. E logo percebi que Vilma seria uma parceira perfeita porque, embora sua maior experiência profissional tenha sido como cantora, pensa e age como uma repórter instintiva e cheia de disposição. Ela já chegou com dois planos de ação: entrevistas com uma lista enorme de parentes que poderiam prestar depoimentos preciosos sobre a história da família e pesquisas sobre as cidades onde os Nascimento nasceram e aconteceram. E também apresentou um respeitável acervo fotográfico, com muitas fotos que desde jovem tirou da avó materna, dos pais, irmãos, primos de vários graus e tios. Algumas dessas imagens foram clicadas por outras pessoas, mas produzidas pela repórter nata, como a que ilustra a capa deste livro. A foto foi feita por um ás da fotografia, o alemão Uli Burtin, mas a ideia foi da Vilma, que chamou os familiares presentes àquela feijoada, conduzida pela mãe Jandira e pela avó Maria, para se postarem em frente à casa, inclusive o homenageado nessa festa, o primo Bituca.

Durante os trabalhos do livro, Vilma prosseguiu com brilho esta reportagem da sua vida, viajando para Juiz de Fora, Lima Duarte e Rio de Janeiro para fazer entrevistas e mais fotos oportunas, tanto posadas como flagrantes. Trouxe muitos livros e calhamaços de xerox de artigos e teses sobre a Zona da Mata mineira, obtidos em bibliotecas, editoras e livrarias de Juiz de Fora. Da minha parte, ajudei com pautas de perguntas nas entrevistas e depois com a edição delas. E também tive a pretensão de dar uma contribuição própria do jornalismo moderno: a contextualização das histórias que seriam contadas. Para isso, mergulhei na leitura do material obtido pela Vilma e de livros indicados por amigos estudiosos, além de consultar criticamente a grande enciclopédia de hoje em dia disponível na internet. Tentei descobrir o que está sugerido no título do livro, inspirado na canção *Raça*, de Milton Nascimento: *De onde vem essa força*. Fui longe nessa busca, tentei saber, primeiro, de qual região da África vieram os antepassados dos Nascimento, depois como ocorreu a vinda forçada de africanos para o Brasil e passei a estudar as origens da escravidão, recuando pra Idade Média e chegando até a Grécia Antiga. Aprendi muito e me surpreendi com a quantidade de coisas que desconhecia, de que nunca ouvira falar na escola secundária ou nas faculdades que frequentei e nem no ambiente das redações de jornais. Mas no final confesso que quebrei a cara, não consegui chegar a uma conclusão própria e segura sobre assuntos polêmicos e muito polarizados, como a questão racial. Desisti de fazer uma contextualização assim tão ampla e pretensiosa e que poderia diluir e obscurecer os valiosos depoimentos colhidos, como os da Tia Ercília.

E nessa decisão ganhei o apoio do amigo, também jornalista, Marcos Wilson Spyer Rezende, que disse o seguinte: "A história de vida das mulheres da família Nascimento, contada do jeito delas, é tão rica que se você transformar numa pesquisa, corre o risco de perder a grandiosidade de cada momento. A memória delas vale mais do que qualquer fato histórico do entorno".

JARY CARDOSO
Jornalista

II

No quintal da casa do meu avô havia um pé de uma saborosa ameixa amarela. Numa foto do início dos anos 1990 estão meus irmãos e primos empoleirados pelos galhos e muro. Por ser mais novo, apareço confortável e sorridentemente no colo de tio Bituca. As visitas dele a Alfenas fazem parte de minhas primeiras lembranças, num estado de encantamento em meio àquele silêncio de braços e olhos acolhedores. Aos poucos, descobri que aquele tio era o tal Milton Nascimento da TV, rádios e revistas. Também percebi com o passar dos anos que ele era o responsável por emocionar gerações e gerações, das pessoas mais distantes do mundo aos amigos mais próximos — e a mim mesmo. Na mocidade já tinha uma melhor ideia daquilo tudo, ainda que Bituca continuasse a ser o tio sempre de portas abertas no Rio de Janeiro para férias, passeios na praia, filmes, pizzas e shows.

Na faculdade de Jornalismo em Belo Horizonte, nutria orgulho por conhecer e recitar páginas íntimas do Clube da Esquina, escritas também pelo tio Wagner e meu pai, Fredera. Junto àquela sonoridade, me interessava cada vez mais saber, falar e escrever sobre o movimento musical que teve impacto decisivo para a cultura brasileira, com parte dessa história passando pelo quintal lá de casa. A cada passo de minha vida, as canções de Milton firmavam-se como porto seguro de pertencimento e referência musical, transitando de ouvinte a praticante bissexto — incluindo participação no coral de seu disco *E a gente sonhando* (2010).

Foi no mestrado e doutorado em História Social da Cultura na Fafich/UFMG, no entanto, que aquele arcabouço artístico me despertou novos interesses de pesquisa, principalmente sobre o viés da memória, na forma com que ela se multiplica por caminhos e sujeitos infinitos. E a amizade, pilar do cancioneiro de Milton, pode ser vista como elemento poderoso para iluminar esses caminhos e bifurcações nem sempre visíveis. O exemplo mais claro que vem à mente se dá entre minha mãe e Vilma Nascimento, cujo companheirismo da juventude perpassou décadas e se fortifica cotidianamente em telefonemas, visitas da Bahia a Minas, cafés e muitas gargalhadas.

A partir disso, a sensação foi de gratidão ao ser apresentado a uma pesquisa afetiva sobre a raiz que deu origem à árvore dos Nascimento, desde Vó Maria em Lima Duarte até seus frutos de força e brilho hoje espalhados pelo país. A parte do processo do qual participei ainda me proporcionou uma bem-vinda troca intelectual e de aprendizado no ofício das palavras com o jornalista Jary Cardoso. É assim que tenho cada vez mais forte a ideia de que memória e história seguem abertas a novas descobertas, independente do quanto já se disse a respeito. A história dos Nascimento se renova no carisma e compromisso de Vilma em homenagear este legado e contá-lo aos mais jovens. Lembrar para construir o novo. Hoje, junto à minha companheira e ao nosso filho Francisco — nome de meu avô e de uma das canções mais belas de Milton — vejo que música e lembrança caminham de forma inseparável, "um canto mais puro que me ilumina a casa escura. É minha força, é nossa energia".

JOÃO MARCOS VEIGA

Jornalista e historiador

FOTOS DE ARQUIVO FAMILIAR

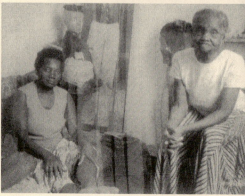

 PREFEITURA DE JUIZ DE FORA
DIÁRIO OFICIAL ELETRÔNICO DO MUNICÍPIO DE JUIZ DE FORA
ATOS DO GOVERNO DO PODER EXECUTIVO

Publicado em: 23/10/2020 às 00:01

LEI N.º 14.104 - de 22 de outubro de 2020 - Dispõe sobre denominação de próprio municipal - Projeto nº 87/2020, de autoria do Vereador Wanderson Castelar. A Câmara Municipal de Juiz de Fora aprova e eu sanciono a seguinte Lei: **Art. 1º** Passa a denominar-se CENTRO DE REFERÊNCIA ESPECIALIZADO DE ASSISTÊNCIA SOCIAL JANDIRA ANTÔNIA DA SILVEIRA o CREAS localizado na Praça Antônio Carlos, nº 371, Centro. **Art. 2º** Esta Lei entra em vigor na data de sua publicação. Paço da Prefeitura de Juiz de Fora, 22 de outubro de 2020. a) ANTÔNIO ALMAS - Prefeito de Juiz de Fora. a) ANDRÉIA MADEIRA GORESKE - Secretária de Administração e Recursos Humanos.

editoraletramento
editoraletramento.com.br
editoraletramento
company/grupoeditorialletramento
grupoletramento
contato@editoraletramento.com.br
editoraletramento

editoracasadodireito.com.br
casadodireitoed
casadodireito
casadodireito@editoraletramento.com.br